编委会

顾问：

李润田　王才安　孙培新　王文金　张秉义　关爱和　娄源功

编委会主任：

卢克平　宋纯鹏　张锁江

编委会副主任：

谭　贞　张宝明　季　波　许绍康　孙君健　孙功奇　杨朝阳
王学路　冯淑霞　傅声雷　张立新

编委会委员：(按姓氏拼音排序)

蔡　军　程遂营　丁翼虎　冯淑霞　傅声雷　洪　浩　桓占伟
姬志闯　季　波　孔令刚　李永鑫　卢克平　苗长虹　祁琛云
任东景　宋丙涛　宋纯鹏　孙功奇　孙君健　谭　贞　王鹏飞
王思琦　王性玉　王学路　武新军　席卫权　许绍康　杨朝军
杨朝阳　杨光辉　杨国安　于华龙　展　龙　张宝明　张大超
张立新　张锁江

丛书主编：

孙君健

执行主编：

展　龙　杨国安　桓占伟

副主编：

丁翼虎　孔令刚

"夷门传薪学人传"丛书

丛书主编 孙君健
执行主编 展 龙 杨国安 桓占伟

夷门传薪学人传

苗春德

张建东 著

河南大学出版社
HENAN UNIVERSITY PRESS
·郑州·

图书在版编目(CIP)数据

苗春德 / 张建东著. -- 郑州：河南大学出版社，2022.8

("夷门传薪学人传"丛书 / 孙君健主编)

ISBN 978-7-5649-5291-4

Ⅰ. ①苗… Ⅱ. ①张… Ⅲ. ①苗春德-传记 Ⅳ. ①K825.46

中国版本图书馆 CIP 数据核字(2022)第 154729 号

夷门传薪学人传 苗春德
YIMEN CHUANXIN XUEREN ZHUAN MIAO CHUNDE

责任编辑	阮林耍 林方丽
责任校对	谢明子
封面设计	翟淼淼
出版发行	河南大学出版社
	地址：郑州市郑东新区商务外环中华大厦 2401 号
	邮编：450046 电话：0371-86059701(营销部)
	网址：hupress.henu.edu.cn
排　　版	河南大学出版社设计排版部
印　　刷	河南瑞之光印刷股份有限公司
版　　次	2022 年 8 月第 1 版　印　次　2022 年 8 月第 1 次印刷
开　　本	889 mm×1194 mm 1/32　印　张　4.5
字　　数	95 千字　　　　　　　　定　价　20.00 元

版权所有·侵权必究

本书如有印装质量问题，请与河南大学出版社营销部联系调换。

述往事思来者根在夷门
（总序）

夷门，是一个比开封还古老的名字。

夷门是战国魏都城的东门，因城门修在夷山之上，故名。

夷门最早的故事与魏公子无忌有关。无忌为战国时期魏国第五任君主魏昭王的小儿子。魏昭王去世后，无忌同父异母的哥哥圉继承王位，是为安釐王。安釐王封无忌于信陵（今宁陵），是为信陵君。信陵君的第一个故事是养士辅政。其时，魏国在与秦国的对抗中，处在不利地位。信陵君仿效齐之孟尝君、赵之平原君、楚之春申君的辅政方法，养士三千，诸侯因此不敢加兵于魏十余年。七十岁的夷门看守人侯嬴与屠夫朱亥，均为信陵君礼贤下士所交好友。信陵君的第二个故事是窃符救赵。公元前257年，秦围赵都城邯郸，赵王的弟弟平原君求救于魏。魏王派晋鄙率兵十万，到达邺地。但迫于秦威，止步不前。信陵君听取侯嬴之计，窃取虎符，与朱亥前往邺地。在晋鄙对虎符有疑时，朱亥椎杀晋鄙。信陵君率兵救了赵国。侯嬴在信陵君到达邺地时，自刎于夷门。

窃符救赵的故事发生一百余年后，司马迁寻访战国争雄的史迹，来到夷门。对千金一诺、侠义热血故事颇有兴趣的司马迁,在《史记·魏公子列传》中做了上述精彩描述,扣人心弦犹如小说家言。信陵君事迹很多,司马迁只记礼士与救赵;信陵君在魏养士三千,详写的只有侯嬴与朱亥。传记的结尾,意犹未尽,作者再次称赞信陵君不耻下交的礼士精神:"吾过大梁之墟,求问其所谓夷门。夷门者,城之东门也。天下诸公子亦有喜士者矣,然信陵君之接岩穴隐者,不耻下交,有以也。名冠诸侯,不虚耳。"仁而谦恭,礼贤下士,成就大业。这是夷门叙事的第一重启示。

公元前99年,司马迁为李陵事获罪,受腐刑,因著书事业而隐忍苟活。受刑的第二年,朋友任安写信询问情况,司马迁写下了传诵千古的《报任安书》,完整描画了一个知识人最高最完美的理想:"近自托于无能之辞,网罗天下放失旧闻,考之行事,稽其成败兴坏之理,……凡百三十篇。亦欲以究天人之际,通古今之变,成一家之言。"据此话推定,《史记》已大致完成。今传《史记》有《太史公自序》,其有感于自己身世,而追述中国历史中圣贤发愤著述的传统:"昔西伯拘羑里,演《周易》;孔子厄陈、蔡,作《春秋》;屈原放逐,著《离骚》;左丘失明,厥有《国语》;孙子膑脚,而论兵法;不韦迁蜀,世传《吕览》;韩非囚秦,《说难》《孤愤》;《诗》三百篇,大抵圣贤发愤之所为作也。此人皆意有所郁结,不得通其道也,故述往事,思来者。"这种圣贤发愤著述的传统,是司马迁完成《史记》的支撑力量,也化为以立言为志的中国士人生生不息的精神资源。"究天人之际,通古今之变,成一家之言"与"述往事,思来者",共同成为读书人立言著述的最高理想。身为记述唐尧以来中国历史的史官司马迁,历史上却没有留下他本人卒年的记载。近代王国维考证,司马迁大约卒于汉武帝末年。勤奋于"述往事,思来者"之业,究天地之际,通古今之变,成一家之言,燃烧自我之身,不计身后之名。这是夷门叙事的第二重启示。

公元960年,北宋政权以开封为都城建立,从而创造了继唐代后又一个统一王朝的辉煌时代。此时距司马迁《史记》成书,已过去千年。夷门不在,夷山依旧。夷山之上,北宋皇祐元年(1049年)建起了开宝寺塔。塔体外立面均为褐色琉璃砖,浑似铁铸,民间俗称"铁塔"。1912年,铁塔南麓,建立了一所大学——河南留学欧美预备学校(今河南大学前身)。河南大学的学生均以"铁塔牌"自称。铁塔成为这所大学毕业生最早的logo(标签)。当年椎杀晋鄙的朱亥,因窃符救赵之功,被授相印,其封地原名聚仙镇,在北宋末,改称朱仙镇。岳飞抗金,取得朱仙镇大捷,也终没有挽救北宋王朝的命运。北宋的成功,在文治而不在武功。20世纪40年代,陈寅恪为邓广铭《宋史职官志考正》作序,有"华夏民族之文化,历数千载之演进,造极于赵宋之世"的称赞。一个以唐史研究见长的史学家,推重赵宋文化,绝非偶然。赵宋时期城与市合一,不需要再像《木兰辞》所言那样"东市买骏马,西市买鞍鞯"。城与市合一的开封,勾栏瓦肆林立,充满着人间烟火气。唐宋以来实行的科举制度,使寒族子弟也可以像世家子弟一样,通过个人的努力,通达社会与文化上层。读书人生气聚集之时,赵宋时期出现了士大夫阶层。士大夫具有超越特定族群、特定利益阶层的历史眼光和宽阔胸怀。祖籍大梁的北宋大儒张载不失时机提出的"为天地立心,为生民立命,为往圣继绝学,为万世开太平"的"横渠四句",成为新兴士大夫群体理想抱负的经典表达。士大夫群体的思想文化创造力活力四射,宋代理学家、史学家、文学家、音乐家、书法家、艺术家层出不穷,群星灿烂,造诣均达极高水平。宋代理学家将儒释道合一,重建儒学体系。新的儒学体系高扬道德的旗帜,以修齐治平调节士人人生期待,以伦理纲常整饬社会秩序。陈寅恪称赞欧阳修晚年所撰《五代史》的功劳在"贬斥势利,尊崇气节,遂一匡五代之浇漓,返之淳正。故天水一朝之文化,竟为我民族遗留之瑰宝。孰谓空文于治道学术无裨益耶?"五四运动过后二十余年,在抗战的炮火中,陈寅恪坚信造极于赵宋之世的华夏文化,本根未死,终必复振。理想、信念、毅力、气节,是读书人的禀赋;立心、立命、继绝学、开太平,为读书人的价值与责任。以治道学术服务国家人民,乃读书的正途与根本。这是夷门叙事的第三重启示。

北宋时期的国子监所在地位于现在的龙亭一带。明代这里辟为周王府。清初,河南贡院一度迁至辉县百泉,清顺治十六年(1659年)河南贡院在周王府旧址修建。因地势低洼积水,雍正九年(1731年)河南贡院迁至夷山南隅。1841年黄河发水,拆河南贡院房舍防洪,第二年重修,新建号舍万余间。1900年的庚子事变,北京用于国家会试的贡院被毁,河南贡院因房舍完好、交通便利,而在1903、1904年成为科举会试所在地。1905年废除科举,河南贡院就成为上千年科举制度的终结地。1912年,河南有识之士在河南贡院的校舍上创办河南留学欧美预备学校,1923年改建为中州大学,1930年易名省立河南大学。因此,从这套丛书的一个人物林伯襄1912年担任河南留学欧美预备学校的校长开始,河南大学叙事便与夷门叙事有了交集,夷门叙事所体现出的精神基因便在河南大学传承延展。与时俱进,百折不挠,在国家、民族站起来、富起来、强起来的百年沧桑中,河南大学以振兴教育、培养人才服务于民族自立、国家复兴和区域发展,成为中原大地高等教育的一棵参天大树。参天地之化,养浩然正气,育万千桃李,以教育报国。此为夷门叙事的第四重启示。

在河南大学迎来110周年校庆之际,学校编写出版"夷门传薪学人传"丛书,嘱我为序。在准备出版的二十多种学人传中,有在河南大学发展的重要节点上做出了重大贡献的主政者,绝大多数是在学校发展的不同时期在学术进步、人才培养方面成绩突出的教授。名人有言:"大学者,非谓有大楼之谓也,有大师之谓也。"这些学者教授就是河南大学的大师。河南大学建立110年来,对国家、对民族的贡献,大部分是通过一代又一代心系桑梓、植根教育的千千万万教育工作者实现的,上述学者教授是千千万万教育工作者的代表。在河南大学这所百年名校中,"究天人之际,通古今之变,成一家之言"的学术创新是他们完成的;"为天地立心,为生民立命,为往圣继绝学,为万世开太平"的学术理想是他们实践的;"参天地之化,养浩然正气,育万千桃李,以教育报国"的百年辉煌是他们参与创造的。这是河南大学110年校庆要编辑出版"夷门传薪学人传"丛书的唯一理由。

有形夷门在司马迁生活的时期已经颓毁,而无形的夷门,留在司马迁的《史记》中,留在宋儒的横渠四句中,留在科举旧地与新式教育的交接中,留在河南大学生生不息的生命意志中。在河南大学建校110年之际,河南大学的注册地移至郑州,但河南大学的办学精神,已经融入河南大学的基因与血脉之中。河南大学从留学欧美预备学校的成立,到今天的"双一流"建设,何尝不是河南有识之士与黄河儿女的"发愤"之作!国家兴亡,匹夫有责,读书人更有责。司马迁"发愤","述往事,思来者"而著"史家之绝唱,无韵之离骚";河南大学"发愤","述往事,思来者"而有发展进步的大手笔、大思路。让我们为之共同奋斗。

放眼寰宇的河南大学,根在夷门。

关爱和

2022年7月

(作者为河南大学教授、博士生导师,中国近代文学学会会长。曾任河南大学校长、党委书记。)

目　　录

第一章　生平经历 …………………………………… 1
　一、幼年成长 ………………………………………… 1
　二、风雨求学路 ……………………………………… 2
　三、不忘初心十七载 ………………………………… 8
　四、半路拾专业，十四年奋起直追 ………………… 9
　五、退而不休：潜心学术的教育史名家 …………… 16

第二章　北师寻道 …………………………………… 22
　一、中国教育史研究生班的诞生 …………………… 23
　二、进德修业与日常生活 …………………………… 25
　三、念恩师，忆挚友 ………………………………… 29

第三章　教书育人 …………………………………… 41
　一、独具特色的教学名师 …………………………… 41
　二、学生回忆苗春德老师 …………………………… 48

第四章　学术历程与学术贡献 ……………………… 71
　一、历经坎坷，矢志不渝 …………………………… 71
　二、开拓宋代教育研究新领域 ……………………… 76
　三、填补乡村教育史研究空白 ……………………… 94
　四、情系中原教育 …………………………………… 109

五、学术感悟 …………………………………………… 118
附录一　苗春德简介 …………………………………… 125
附录二　苗春德主要著述 ……………………………… 127
后记 ……………………………………………………… 132

第一章　生平经历

一、幼年成长

苗春德1936年9月出生于河南南阳镇平县一个农民家庭,父母尽管没有多少文化,却注意家庭文化氛围的营造。当时农村流行一些启蒙的通俗读物,苗春德家中陆续有不少的收藏。尤其一本石印版的《绘图农村日用杂字》,四字押韵,朗朗上口,旁边还绘有农村日常生活中常见的实物图形,不认识的字,一看图形就一目了然,对儿童识字颇有裨益,也引起了幼年时期苗春德的浓厚兴趣。如:

油盐酱醋,蒸酒烧黄。

葱韭芥蒜,山药藕姜。

鸡鸭肉蛋,猪狗牛羊。

……

通过自学这类通俗读物,苗春德认识了不少字。镇平农村经常有庙会,赶会的时候,家长往往给孩子点零花钱买瓜子、糖果吃,苗春德和其他孩子不一样,他把零花钱积攒起来,到庙会书摊上买小书看,结果淘到不少"宝贝"。如他曾买过《中国历史常识问答》《中国地理常识问答》等小丛书,由中华书局出版,内容丰富且简明扼要，一拿到手中，他就爱不释手，后来不知翻阅了多少遍，犹如孔子读《周易》时"韦编三绝"，书中内容几乎倒背如流。正是幼年时期自觉的文化积累，为苗春德日后读书向学、开展学术研究奠定了基础。

二、风雨求学路

苗春德的求学之路颇为曲折。由于祖祖辈辈都是农民出身，加之他所在的村庄是只有几十户人家的小村庄，上学的孩子很少，但苗春德家里的长辈都很开明，节衣缩食供他上学。苗春德上学的时候年龄比较大，8岁才入学。原因是家里世代为农民，过去总是受人欺负，所以爷爷担心他年龄太小，不让上学，经常说："人家欺负咱咋办？等孩子大一点再去读书。"所以直到苗春德8岁时，才在家人的支持下到邻村的一个小学读书。这所小学的条件极为艰苦，所有年级都在一个打通的大教室里上课，全校就一位教书先生，语文、算术等所有课程一肩挑。苗春德在这样一个简陋艰苦的"复式小学"里大约读了一年书，但由于自身具备一定的文化基础，他用一年时间就完成了小学一、二年级的学业。1943年全国仍处于抗日战争的艰苦时期，南阳因为地处偏远，直到1945年春节后，日本鬼子的铁蹄才抵达南阳；截至日本帝国主义投降中国，日本鬼子总共在南阳盘踞不到一年时间，这也为苗春德读书学习创造了较为安静的外部环境。抗战胜利后，苗春德又到镇平县女师附小读了小学三年级下和四年级上，但附小没上完，解放战争又开始了，他又被迫中止学业。所以新中国成立前,苗春德仅完整地读过两年小学。1948年镇平解放,1949年县城设小学,苗春德闻讯后随即前往就读,这次他跳级从五年级开始学习,经过加倍努力,终于在1951年上半年完成了小学的全部学业。4年完成6年的学业,对每个普通孩子来说都具有很大的挑战性,更不要说在学业上时断时续的苗春德了。新中国成立后读高小时,苗春德的语文、地理、历史等课程由于有一定的基础,都能较好的完成,但算术因知识的系统性掌握不足,学起来十分困难,班级第一次测验只考了50多分,因此心理压力很大。但苗春德性格中具有一种坚忍不拔的特质,没有被暂时的困难吓到,通过重点学习、勤学苦练等方式,最终解决了算术这个大问题。

小学毕业后,小学升初中的过程也是一波三折。1951年初,苗春德还在读高小六年级时,镇平二中开始招收春季新生,他和几个同学商量前去应考,结果较为理想,张榜公布后,他的排名为15名,于是兴高采烈地向家人报喜,却遭到爷爷的反对,反对的主要原因是离家太远。镇平二中在镇平县城南20多公里的侯集镇,离家路途几十公里,道路崎岖,当时来回确实困难,于是苗春德只好打消去镇平二中读书的念头,回县城继续读小学。1951年暑假,苗春德又得到消息,镇平一中开始招生了,招生人数120人,其中正取生100人,备录生20名。他立即前往报名。考试结束公布成绩,他以第5名的优异成绩取得正取生入学资格,他也是他们村新中国成立后第一位考上初中的学生。因为镇平一中在县城,离家仅两公里,这一次家人不再反对,他的初中学习得以正常进行，并于 1954 年暑假顺利完成学业。

1954 年初中毕业后，由于南阳市不招中等师范生，想继续深造必须报考南阳市区的高中。当时南阳市有三所高中：南阳第一高中、南阳第二高中和南阳女中。南阳第一高中只招收南阳东部几个县的学生，女同学都报考南阳女中，而南阳第二高中属于新建，招生范围相对广一些，所以苗春德别无选择，只能报考南阳第二高中，他也成为南阳第二高中的第一届毕业生。

1957 年高中毕业前夕，苗春德面临参加高考的人生关键时刻，他开始认真思考自己未来的职业取向。因为从小就立志于教师行业，加上家中经济困难，他最终选择了报考北京师范大学，这样不仅能实现理想，还能享受师范生包吃包住的待遇。这一决定也得到了家人的支持，同时也开启了其未来曲折而全新的人生。关于师范生的优厚待遇，在苗春德从家乡踏上火车那一刻就深切体会到了，至今回忆起来仍津津乐道："开始到北师大上学的时候，生活伙食是非常好的，我也没出过门儿，从南阳到北京咋走啊？反正学过地理的都知道，从南阳坐汽车到许昌，从许昌上火车往北京去。那个时候也不知道这火车还有快车、慢车，在许昌一看到往北的火车，就上去了。那时候坐车，车厢里都没啥人儿，到许昌一上火车，我坐的那节车厢大概连 100 人都没有，往那儿一坐，给我发的有铁路准备好的茶杯，还有人给我倒水。走一站，看一看稀罕，趴着窗户往外看风景。车到郑州就不走了。在郑州下来又重新买票，重新坐车，然后再到北京。到北京以后，那时候又没北京站——北京站是 1958 年以后修的,所以到北京永定门那个地方有个车站。当时去的时候还想,这北师大在什么地方?咋去呀?正在纳闷,结果出站一看,心里豁然开朗:北师大几个大轿车,就在车站附近停着,前面红旗招展,大红旗上醒目地写着'北京师范大学'几个字,几个老生摇晃着旗子迎接新生。我拿着通知书跑去见他们,然后上车就被拉走了。回去先不往宿舍拉,而是先拉到食堂里去吃饭。我当时进了食堂一看,很震惊!面前摆放着4个大木桶,桶里是4样菜。你要吃啥菜,人家就给盛一碗,然后米饭、馒头、面条随便吃。当时我一看,心里想这种吃法,一个月得出多少钱啊,所以当时吓得不敢多吃。"苗春德就这样开始了自己的大学生活。

1957年,全国高中应届毕业生为20万人左右,各类大学的招生名额为10余万人,升学率约为53%,当年大学新生主要是高中应届毕业生。除此之外,新生中还有一部分"工农速中保送生",即调干生和俄语院系的转学、转系学生,他们一般年龄较大,对应届生十分照顾,苗春德同这些老大哥、老大姐一起度过了难忘的四年本科学习时光。苗春德大学本科时期,正是我国社会主义改造刚刚结束、社会主义建设即将全面展开的历史转折时期,各种运动轰轰烈烈,苗春德亲历了"教育大革命""红与专"大辩论、反对右派斗争;参加了除"四害"、大炼钢铁,以及建造北京人民大会堂和中国历史博物馆、十三陵水库义务劳动等。对此,苗春德至今仍记忆犹新:"1957年入学以后,就开始反右派了。接着,1958年开始'大跃进'运动。当然还有除'四害',就是把老鼠、蟑螂、蚊子、苍蝇这些害虫消灭干净。那时候规定任务,一个学生每天你得消灭几个'四害',你得完成,所以就天天吃了饭以后到食堂装点油条、馒头、花卷之类的,装满书包就走了。学生一个组10多个人一块儿到北京郊区去,把农村打麦场、打稻场的垛都逐个翻翻。"就这样边参加运动边学习专业,苗春德伴随着当时国家的各种运动,度过了自己的大学生活,经过这四年的考验和洗礼,他的人生阅历和社会能力都得到了锻炼,政治思想和学业水平也得到了很大提升。

1961年夏天,苗春德从北京师范大学历史系本科毕业,面临着人生的又一次重大选择:就业还是继续深造。这一年,国家三年困难时期即将结束,在"调整、巩固、充实、提高"八字方针的指导下,为解决当时我国高等师范教育中国教育史课程的教学及研究人员的燃眉之急,经教育部研究决定,由北京师范大学举办一届中国教育史研究生班,规模20人,学制3年,由北京师范大学教育系承办。由于北京师范大学教育系是由原北京师范大学、北京大学、辅仁大学、燕京大学、中国人民大学的教育系合并而成,因此师资力量极为雄厚,设备也是一流的,学术氛围浓郁,学风淳正,在当时是全国当之无愧的社会主义新型教育科学的最高学府和殿堂。北京师范大学教育系接到任务后,经过充分调查研究,决定从本校教育系、历史系、政治系的本科毕业生中选拔15人,其中教育系8人、历史系6人、政治系1人,然后再从东北师范大学、合肥师范学院、郑州师范学院、湖南师范学院等高校的青年教师中选拔出5人联合组班。苗春德得到消息后,立即决定参加研究生班的选拔。选拔时主要考察家庭出身成分、思想政治觉悟、学业水平和业务能力、身体素质等，要求十分严格。历史系3个班，每个班初选4人，由全班同学选出，然后提交年级党支部审定，审定材料再交给教育系审查，教育系经过综合评定后淘汰至6人。苗春德最终通过了一系列严格的考核，成为中国教育史研究生班中的正式一员。

研究生班授课导师的水平堪称一流，授业导师毛礼锐、陈景磐、邵鹤亭、瞿菊农、陈元晖等先生，都曾在英、美、法、加等国留学，学贯中西，文史哲兼通。日常教学中，师生之间交流通畅，多有讨论、辩难；生活中彼此扶持，守望相助。这是一个和谐奋进的群体，让苗春德一生铭记。通过名师们的精心培养和自身的刻苦钻研，研究生班同学们的政治素质和学业水平都得到了质的提升，苗春德也在3年的研究生学习期间奠定了自己的专业基础。

对苗春德来说，三年的研究生生活是丰富、充实而又终生难忘的。不仅有留学归来、学贯中西的大师们的春风化雨，还有孜孜以学、团结互助的同学相伴成长。课外生活是丰富多彩的，大家一起游玩，一起聆听学术报告，一起劳动。同学情谊是纯真而融洽的，政治上不断追求进步；学习上互帮互助，你追我赶；生活上更是彼此嘘寒问暖，亲如兄弟姐妹。

回顾求学生涯，虽然充满风雨，个人命运深受国家局势左右，但正是那段波折，铸就了苗春德和同学们的优良"材质"，"树苗"终于成长为各行各业的参天"栋梁"。

三、不忘初心十七载

从研究生班毕业后，苗春德满怀激情，准备踏上教书育人的新征程。然而不好的消息传来，由于形势变动，北京师范大学成为以"反修""防修"为目的的"四清"试点高校，研究生班被定为"深受修正主义思想影响"的班集体，因此毕业分配被叫停，苗春德随即被派往河北农村改造近一年时间。返校后就业形势急转直下，昔日的研究生由时代宠儿变得无人问津，很多同班同学直到1968年才十分委屈地随本科生分配下去。但苗春德较为幸运，他出现在1965年第一批分配名额中，被分配到边远的新疆维吾尔自治区教育厅高教处工作，一待就是7年。在采访中他曾回忆过这一段迷茫时光："我分到新疆教育厅，当时感觉是灰溜溜走了，因为学校也不发毕业证书，也没学位证——不像现在有学位证，那时候大学毕业生只发一个毕业文凭，所以我们毕业时不发学位证，这都是预料中的事情，但是连个毕业证也没发，大家虽然疑惑，也不敢吭声，都怕被处理了，谁也不敢问呐！就这样一宣布，我们都走了。当时我和一个上海姑娘一起被分配到新疆教育厅去了。我分到新疆教育厅高教处，她分到新疆教育杂志社。值得欣慰的是，我还是在教育系统工作。去了之后虽然有一些想法，但是不能说，也不敢说。我那时候也不知道是什么原因，反正思想就是懵懵懂懂，到教育厅人事处报到的时候，我就问领导，新疆有没有教育系？我说我想教书，人事处长一听我这话，用眼瞪着我，觉得不可理解，在教育厅你还不想干？然后就说新疆没有教育系,这一句话就算回应我了。没有教育系,那我只有在教育厅干了,然后一干就是7年。"苗春德所回忆的这件事发生在1965年10月,那时他还怀着专业初心和学术梦想,新疆教育厅人事处长得知他不想待在教育厅而是想去教书时,很是惊讶,立即给予了否定的回答。在随后的一次党支部会议上,人事处长点名批评了苗春德,说他"来教育厅根本不想安心工作",师训处的一位党员干部也面带讥讽地教育他:"研究生没有什么了不起,工农兵最有知识!"从此以后,苗春德隐忍不发,将教书和学术梦想隐藏心底,再也没有提过教书的事情,就这样,他在新疆教育厅工作了整整7年。1972年6月,经过努力协调,苗春德以夫妻长期分居为由,调到开封师范学院(今河南大学)工作,当时的具体部门是教育革命部,后改称教务处。和家人团聚后,他心无旁骛,安心工作,不再考虑改行的问题,一干就是10年。

四、半路拾专业,十四年奋起直追

比起教育行政工作,苗春德更向往的是和学生在一起,一边做科研,一边教学相长。"当教师不教课,就相当于当农民不种地、当工人不做工",这是他经常挂在嘴边的话。也许上天真的会眷顾有执着心愿的人,在开封师范学院教务处这10年期间,有两件事成为苗春德由行政回归教师队伍的人生重大转折的"引爆点":一是1982年在陕西师范学院召开的第二届全国教育史学术年会。会上他遇见了已17年未谋面的毛礼锐和陈景磐两位恩师,他们是1979年成立的教育史研究会的副会长;还遇到研究班的王炳照、雷克啸、何晓夏、沈茂骏等老同学,这是17年后部分师生的首次聚会,大家兴奋之情溢于言表。在会议期间的一个晚饭后,毛礼锐先生将大家召集到他的房间,先问了分别后各自的情况,然后鼓励说:"我们一起编书吧,在业务上我还是要带带大家!"这是求之不得的好事,同学们纷纷表示赞同。会后,在毛礼锐先生的助手王炳照的组织协调下,大家群策群力,积极参与了毛礼锐先生主编的《中国教育史简编》《中国古代教育家传》和陈景磐先生主编的《中国近代教育家传》的编写工作。这3部中国教育史著作分别于1984年11月、1987年4月公开出版,苗春德参与了毛礼锐先生两部著作的部分编写工作。这是以老带新、师生合作研究中国教育史的开篇成果,自此以后,教育史学界开辟了以老带新、师生合作研究教育史的新局面。这是快出人才、快出成果、发展学术事业和培养人才的新路子、新格局,具有重要的时代意义和价值。对苗春德来说,这次相聚既有偶然性,也有必然性,因为深藏在他心中的专业初心一直都在,师生相聚像一根导火索,彻底点燃了它!第二件事是河南大学停办了26年的教育系于1980年恢复了招生。当时在教务处担任党支部书记和教研科长的苗春德,立即自荐到教育系去教书,以实现当年研究生班的办班宗旨和他读研究生的专业初心。他向处、校领导申述了3点理由:第一,到基层系室当教师符合党和上级的有关原则和政策;第二,教育系刚刚恢复,师资力量亟待补充,尤其缺乏专业基础课教师;第三,教育系即将开

1982年，毛礼锐教授、陈景磐教授与已毕业研究生
邱瑾、何晓夏、雷克啸、苗春德、王炳照、沈茂骏在西安合影

设一门专业基础课程——中国教育史，急需教育史方面的专业教师，而从头培养一位专业教师至少需要三、五年时间，远水不解近渴，而他本人正好是中国教育史专业的毕业生，虽然荒废了十多年，但重新捡起来比较容易，比从头培养要省时省力。但当时校、处领导因各种原因均不支持他的请求，他就带着"好事多磨"的念头，一方面耐心地找领导交谈、沟通，另一方面又主动联系教育系领导，提出先兼课的要求。教育系领导对他表示理解，但又说他们不便直接向机关要人，建议他自己去做工作。经过多次的疏通，教务处领导同意了兼课请求，但要求他"除上课时间外，其他时间必须回教务处上班"。后来，苗春德要求教务处给他备课时间，处领导也同意了。他还要求备课时间最好放在

周六,以便与周日连起来用,这样就不会中断思路——因为那时是一周6天工作制,只周日休息1天。就这样,他终于争取到一个兼课的机会。1982年10月,苗春德首次登上了教育系的讲台,实现了当一名人民教师的夙愿!随后,他主动辞去教务处的工作,全身心投入自己心仪已久的中国教育史课程的教学与研究工作中去。

从踏上教师岗位后,苗春德决定做一名合格的高校教师。他认为,一个合格的高校教师,不仅必须教书育人,而且也必须进行学术研究,这是高校工作性质决定的。只教书,不搞科研的教师充其量是一位"教书匠";只做研究而不教书育人的教师只能叫"纸上谈兵",这两种教师都是高校教师的一种缺欠,严格来说,都不算合格。因此,苗春德走上教学岗位后,力争做到教学、科研两不误。1982年10月,他开始担任教育系1980级中国现代教育史的教学工作,1984年9月,他又担任1982级中国古代教育史的教学工作,仅1983年期间他就在期刊上发表了8篇学术论文!由于工作出色,他被学校任命为教育系副主任,主抓系里的教学和科研工作。1988年元月,他又被任命为教育系系主任,主持教育系全面工作。

在其位,谋其政。主持全面工作后,在校、系党组织的领导下,他与全系教职工生一起,深入调查研究,结合国情、省情和新时期教育发展的迫切需要,确定拓宽办系方向,面向实际,加强应用的发展思路。总体来说,苗春德为河南大学教育系(1999年7月,在教育系基础上创建了教育科学学院;2021年5月,改组为教育学部)做了3件大事：

一是狠抓师资队伍建设。鉴于当时教育系是学校最小的系,27位教职工大部分是行政和教辅人员,师资严重短缺,唯一的一个学校教育专业的课程都开不全,更遑论新专业的开设了,因此,苗春德决定从师资队伍建设入手来打开工作局面。当时国家处于改革开放初期,百废待兴,一时很难从全国、全省物色到合适的教师人选,甚至从相关专业的应届毕业生中也要不到人。苗春德和系领导班子成员经过认真讨论,决定全校公修课教师从校内各系去留人,经过短期培训,顶上去上课；专业课教师则通过"走出去,引进来"的办法,逐渐加以解决。在引进来方面,先后从当时的许昌革委会宣传部和许昌一中引进"文革"前的教育学专业毕业生两人,又从商丘师范专科学校借来一位教育经济学教师,最终配齐了专业师资队伍。在"走出去"方面,因系里教工人数少,呈现"一个萝卜几个坑"的尴尬局面,根本派不出人去进修,因此,在苗春德的建议下,教育系另辟蹊径,从本系本科生中选拔学生送到外校有关专业代为培养,毕业后回系任教。而这些,都是他和领导班子成员在出差、开会间隙,利用人脉关系,找老校友、老同行、老同学帮忙解决的。例如,将1982级的陈灿(现任开封大学党委书记)同学送到北京师范大学学前教育专业代培；将1982级的王荣夫同学送到南京师范大学学前教育专业代培；把1983级的王卫东(现为广州大学教育学院教授)同学送到上海师范大学教育管理专业代培,等等。关于这一方面,苗春德回忆道："我们从本科生里面挑优秀学生送出去，叫人家培养。一开始就把1982级的陈灿调出来，当时她是教育系的学生会主席，然后我就给北京师范大学学前教育专业的梁志燊老师打电话——我此前在武汉开会时见过她——我说，梁主任，我现在有困难，您得帮我，你们那边学前教育专业给我培养个人，行不行？一说这，梁志燊不好推辞，我就把陈灿派到北京师范大学培养去了。陈灿培养归来，后来成了河南大学校团委书记，之后当过河南大学统战部部长，又当过河南大学学生处处长，现在是开封大学党委书记。另外，有一次开会碰到南京师范大学教育系的系主任鲁洁，她是一位非常著名的教育专家，我一见到她就说，鲁主任，您得帮我解决个难题，我们河南大学教育系现在很困难，要人也要不来——你们南京师大的学前专业很厉害，您得给我培养一个人才啊！她考虑了一下，说这样吧，我那女学生太多，住宿都没法安排，你给我派个男孩儿行不行？我一想，她既然答应了，你要啥我给你派啥，就到1982级一排查，有个荥阳的男生叫王荣夫，他在考入河南大学教育系之前是从一个戏校出来的，唱歌、唱戏都很不错，有文艺表演时，总是指挥大家唱歌，多才多艺——我就把他派到南京师范大学去学学前教育专业，后来学成回来，担任了几年学前教育的专业教师。"就这样，派出去的几批学生随代培学校相同年级学习2至3年，毕业后回系里任教。通过上述种种办法，教育系由复系时仅有1个学校教育专业、40名学生的规模，发展到20世纪80年代后期，先后增设了学前教育、心理教育、教育管理专业（成人教育）3个专业。此外，苗春德还为教育系增设了函授教育、卫星电视教育、高等教育自学考试等多种办学规格、层次和形式,使教育系逐渐发展为河南大学的一个中等规模、具有一定知名度和影响力的系。

二是重视学科和学位点建设。教育系复系时,仅有一个本科专业,苗春德担任系行政领导期间,教育系于1984年获普通心理学硕士授予权,1986年获教育学原理硕士学位授予权。其他专业虽暂不具备申报条件,但他一直都在积极筹划推进。例如,经系领导班子商讨后决定,把整个河南省的优势资源整合起来充分利用:把本系的孟宪德教授与河南师范大学的许梦瀛教授联合起来,申报中外教育史硕士授予权;把本系、河南教育学院以及河南教育科学研究所的教育学整合起来,申报教育学科其他专业的硕士学位授予权等。为发展应用心理学,苗春德曾把主办多年的《心理学探新》这个纯理论刊物更名为《心理世界》。此外,他还计划通过河南省卫生厅给全省各县级医院培养心理咨询师等。但由于种种原因,这些设想和规划都未能在他任期间实现,现在想起来仍是憾事。

三是建立健全各项制度。为了确保教育系的教学质量和水平,在不违背学校相关管理制度的前提下,苗春德借鉴和参考校内外管理规则和条例,先后制定出有关的管理制度和实施细则,使系里的教学、科研和学生管理工作都有章可循、有据可依,做到用制度规范人、事。系里的教学质量和科研能力因此稳步提升,历届本科生的考研比例在全校也名列前茅,师生的科研成果屡见报端。据一项统计,苗春德主持教育系工作期间培养出的本科生,在国家教育部中层干部中的占比,是地方院校里最大的!

由于工作出色,苗春德在1986年被评为开封市优秀教师,1995年被河南省委、省政府评为省优秀专家。

五、退而不休:潜心学术的教育史名家

时光荏苒,不知不觉,苗春德已经到了"船到码头,车到站"的年龄了。1996年10月,他退休了。人是有感情的,面对接纳、包容自己并为之奋斗、拼搏了14个春秋的教育系,离开它是如此的不舍,他心中充满感恩:一是感恩教育系使他实现了做人民教师的夙愿。教育系为他提供了执教杏坛的平台,自身的专业也有了用武之地,他教书育人的初心和专业理想得以坚守和展现。二是感恩教育系的党政领导和广大师生员工,大家同舟共济,守望相助,密切配合,实现并完成了时代赋予的历史使命和责任担当,使他度过了人生有意义、有价值的关键节点和重要时段。三是感恩教育系让他的人生丰富多彩。教育系给他搭建了学术媒介和人脉机缘,使他有幸成为教育系副主任、主任,先后被评聘为副教授、教授;被评选为开封市优秀教师、河南省管优秀专家、客座教授、兼职研究员;成为一些重要学术群体的理事、常务理事、副会长、会长、顾问,一些书籍或丛书的编委、副主编、主编等,也使他的学术论文和著作获得了多项奖励和荣誉。

当然,在退休之际,苗春德也有一些遗憾、纠结和怅惋。这

是因为他退休后,申报的全国教育科学"九五"规划课题"中国近代乡村教育家研究——20世纪初期乡村教育思潮运动的再认识"刚刚获准立项,也没有完成1982年归队时自我设定的要使自己的著作数量等同于自己年岁的奋斗目标,内心十分愧疚和惋惜。他觉得自己一辈子都是在学校和机关单位的呵护下学习、工作和生活,退休后从此没有了单位、岗位,无依无靠,离群索居,一时身心很难适应。经过辛苦努力申报下来的教育部"九五"规划课题怎么办?自我设定的学术期待还要不要继续下去?正当苗春德内心矛盾不已的时候,教育系领导研究决定,返聘他回系里工作。苗春德心里一下子亮堂了很多,在他看来,尽管自己忙忙碌碌30多年,但学术上还没有太大的建树,学术思想体系还没有完全建立,且身体无恙,再加上对未完成的课题的责任和对自我的期待,经与家人商量,他毅然决定接受了系里的返聘,这一干又是12年时间。

退休对一个人来说,是人生历程的又一个重要转折时期。苗春德认为,退休有两种形式或含义:一是彻底地退,一退到底,退休后原来职场范围内的事一概不过问,这叫"裸退";一是从职场上退下来,仍利用自己未竭的资源和余热,再放异彩,这叫"半裸退"。本该安享晚年,弥补10年浩劫带来的青春损失的时光,苗春德却选择了"半裸退",在被返聘的12年里,他担任院里关心下一代委员会副主任;继续给本科生、教育史专业的研究生讲授中国教育史和宋明理学学派及其教育思想;给河南大学、陕西师范大学、山西师范大学、西北师范大学等校内外60多位硕士研究生以及华东师范大学、北京师范大学的 10 多位博士研究生评审毕业论文;多次主持或参与校内外研究生毕业答辩工作。

除此之外,更重要的是他花了大量精力和时间,带领并指导中国教育史、教育学、高等教育、成人教育等专业硕士研究生和中青年教师共同从事中国教育史的研究和著述工作。尤其是承担和主持了三项国家规划重点研究项目,即国家"十五"出版规划重点项目"中国近代教育专题史论丛"中的"中国近代乡村教育史"、国家"十五"出版规划重点工程"中原文化大典"中的"中原文化大典·教育典"以及国家"十五"出版规划重点工程"南宋史研究丛书"中的"南宋教育史";出版了《中国近代乡村教育史》《中原文化大典·教育典·官学 选士》《中原文化大典·教育典·私学 书院》《南宋教育史》共 4 本专著。

四十年星移斗转,四十年急起追赶,四十年志趣弥坚,四十年砥砺向前!截至目前,苗春德已公开发表和出版学术作品 100 余篇(部),完成了自己设定的"要使自己的著作数量等同于自己年岁"的奋斗目标!我曾多次采访苗春德,深刻感受到他深厚的学养与平易近人、潜心治学、丹心教育的人格魅力,从他身上,我们不仅看到了时代对个人命运的深刻影响,更看到了他们那一代学人逆流而上、惜时好学、自强奋斗、甘为人梯、开拓创新、淡泊名利的风骨。"莫嫌老圃秋容淡,且看黄花晚节香",也许正是他此生经历与人格的真实写照吧!

时光荏苒,一晃几十年又过去了。苗春德今年已经 86 岁高龄,虽然愿意继续发挥余热,且身体无大恙,但因长期伏案工作,颈椎已出现问题,眼睛也已昏花,已真正到了安享晚年的时候了。因此,他每天根据自己的实际情况,随性、自由地安排好每天的活动。正像他在《北京师范大学首届中国教育史研究班再探》里回忆的那样:"我和同学们有的同自己子女生活在一起,含饴弄孙,享受伦理亲情,其乐融融;有的辛辛苦苦几十年,到老变成炊事员,每天围着锅台转,调理膳食饱三餐;有的养鱼种花,美化居住环境,活动筋骨,接近地气,成了'宅老';有人游山玩水,旅游垂钓,饱览祖国河山,陶冶净化心灵;有人习练书法,背诵诗词,在书香墨味中修身养性;有人参加社区活动,或唱歌跳舞,或参与社会公益活动,每天忙忙碌碌,其乐无穷。"

如今,苗春德认可并践行着广为流传的"五老"养生之道,享受着幸福的晚年生活。所谓"五老",即"老本""老底""老窝""老伴""老友"。这里的"老本",就是自己的身体,它是金钱、财富、幸福生活和生命的承载者。因为身体是根本,它一旦出问题,就什么都不存在了,所以,苗春德十分关心和呵护自己和老伴申淑琴的身体,每年都要进行体检,有病及时就医,以健康为中心来安排自己的生活,力争做健康老人。这里的"老底",就是自己的存款。一定要储存一部分养老金,以预备自己有事急用,千万不能当"月光族",把养老金花光、用光。这里的"老窝",就是自己有支配权的房屋,有安身立命的住所。子女们有房,那是他们的,不是自己的;千万不能当"候鸟",也不能做"老漂",那样心里不踏实、不安生。这里的"老伴",就是生活中的伴侣、爱人。所谓"恩爱夫妻老来伴",白头偕老,形影不离。要争做小区里亮丽的景观:翁妪手牵手,社区信步走;朝观星辰落,暮披夕阳红。这里的"老友",就是知心朋友或挚交,可以是老同学,也可以是老同事、老邻居。三五老友常聚谈,时时发至"朋友圈",既可开阔视野,又可交流经验。总之,苗春德和他的同学们一样,正沐浴在新时代的雨露阳光下,享受着和谐盛世的福祉,过着充实安康、幸福美满的晚年生活。

现在每每回顾自己的过往,苗春德虽有抱憾,但也问心无愧!除了无法左右的客观因素外,他认为自己在一定程度上做到了孟子"三乐"之二:"仰不愧于天,俯不怍于人;得天下英才而教育之。"正如他在回忆诗中总结的那样:

人生如梦幻,转瞬耄耋年。
时间哪去了?听我屈指算:
五十二年前,毕业离京苑;
怀揣凌云志,报国去边关。
夫妻两地栖,打拼六七年。
领导施恩泽,放我回中原。
有梦就有缘,杏坛把家安;
半路拾专业,急起去追赶。
教书写文章,一身二任焉。
"三余"全利用,勤学苦钻研。
笨鸟须先飞,老牛拉车慢。
虽说起步迟,命运自己攥。
碌碌四十年,自感无偷闲;

第一章 生平经历

术业无建树,奈何资质憨。
韶华易流失,人生苦短暂。
但愿人长久,盛世享晚年!

苗春德近照

第二章　北师寻道

苗春德所在的北京师范大学首届中国教育史研究生班诞生于以调整为中心的"调整、巩固、充实、提高"的岁月。当时,连续三年的自然灾害和严重经济困难接近尾声,在中共中央和周恩来总理的直接关怀下,中央有关部委相继出台了"自然科学十四条"(1961年6月)、"高等教育六十条"(1961年9月)、"工矿企业七十条"(1961年9月)、"文艺八条"(1962年4月)等,对知识分子在政治上的进步及在建设中的作用进行了重新认识和评估,提出学术问题的讨论要"不戴帽子,不打棍子,不抓辫子",废除一些不确切的提法。在教育工作上,总结了建国初期学习苏联和过去三年多高等教育工作的经验和教训,针对学校教育质量降低,忽视知识分子的作用以及劳动过多等主要问题,指出高等学校必须以教学为主,努力提高教学质量;肯定课堂教学为教学的基本形式和教师的主导作用,并保证让教师把5/6的时间用在业务上,等等。在这样的以调整为中心的时代背景下,为解决当时我国高等师范教育中国教育史课程的教学及研究人员缺乏的问题,教育部研究决定,由北京师范大学教育系来承办第一届中国教育史研究生班。现在看来,这种求真、务实、接地气的举措,是一次具有远见卓识的战略决策,它对中国特色学科建设和中国教育史学科的发展都具有深远意义。

一、中国教育史研究生班的诞生

为解决当时我国高等师范教育中国教育史课程的教学及研究人员的燃眉之急，国家教育部研究决定，1961年在北京师范大学举办一届中国教育史研究生班，由北京师范大学教育系承办。由于北京师范大学教育系是由原北京师范大学、北京大学、辅仁大学、燕京大学、中国人民大学的教育系合并而成，师资力量雄厚，设备一流，学术氛围浓郁，学风淳正，在当时是全国当之无愧的社会主义新型教育科学的最高学府和殿堂。北京师范大学教育系接到任务后，经过充分调查研究，决定从本校教育系、历史系、政治系的本科毕业生中选拔15人，其中教育系8人、历史系6人、政治系1人，然后再从东北师范大学、合肥师范学院、郑州师范学院、湖南师范学院等高校的青年教师中选拔出5人联合组班。苗春德得到消息后，立即决定参加研究生班的选拔。选拔时主要考察家庭出身成分、思想政治觉悟、学业水平、业务能力、身体素质等，要求十分严格。历史系3个小班，每个班初选4人，由全班同学选出，然后提交年级党支部审定，审定材料再交给教育系审查，教育系经过综合评定后淘汰至6人。苗春德最终通过了一系列严格的考核，成为中国教育史研究生班中的正式一员。

1961年金秋，一个学制3年、人数20人的中国教育史研究生班诞生了。这20人中绝大多数来自本校的应届毕业生，除苗春德外，其余是来自北京师范大学教育系的王炳照、邱瑾、雷克啸、何晓夏、吴永湄、韩义裕、陈兰芳、顾延蕃，来自历史系的沈茂骏、邹君孟、陈德安、杨焕英、蔡振生，来自政教系的宋元强。另外5人是来自东北师范大学的吴玉琦，湖南师范学院的肖功尝、王树楷，合肥师范学院的杨立俊和郑州师范学院的李金兰，他们都是往届毕业生，已做过一年或两年的助教。入学时，沈茂骏、吴玉琦、肖功尝、杨立俊是党员，其他人都是团员。当时建立了研究生班党、团支部，党支部负责人先是沈茂骏，后为杨立俊。团支部书记先是吴玉琦，后为王炳照，苗春德和邱瑾为团支部组织委员和宣传委员。北京师范大学于1963年对研究生班进行了调整，有3人被退回原单位或转为进修教师，1人因病休学，到1964年毕业时只剩16人。研究生班的班主任先是曹剑英老师，他当时是教育系的党总支委员兼教育史教研室的负责人，负责研究生班的筹建和全面工作，与同学们关系十分融洽。1963年，北京师范大学成为"党员登记"试点单位后，班主任换成了刘德华老师，直到毕业。

研究生班的学习环境条件得天独厚，可以用"天时、地利、人和"来概括。在"天时"方面，1961年，中共中央在全面调整经济工作的同时，对文化教育的方针政策也做了全面调整。在周恩来总理的直接关怀下，中央有关部门相继出台了"自然科学十四条""高等教育六十条""文艺八条"等；对知识分子政治上的进步与建设中的作用进行了重新认识和估计，提出学术问题的讨论"不戴帽子、不打棍子、不抓辫子"，废除了一些不确切的提法;在教育上提出以教学为主,肯定课堂教学为教学的基本形式,同时也肯定了教师的主导作用,并保证5/6的时间用在业务上,这就极大地提高了师生的教学积极性。在"地利"方面,北京师范大学教育系由原北京师范大学、北京大学、辅仁大学、燕京大学、中国人民大学等几所大学的教育系(室)合并而成,师资力量、学术氛围、设备条件均居全国优先地位;给研究生班上课的导师都是学贯中西、文史哲兼通的赫赫名师。给苗春德的印象是,这里是当之无愧的社会主义的新型教育科学的殿堂。在"人和"方面,由于中央一系列政策、条例的出台,师生都渴望尽快地提高教学质量和水平,因而师生间洋溢着尊师爱生和敬业重道的情谊,一扫20世纪50年代师生剑拔弩张、严重对立的局面。导师们精心备课,精深讲授,耐心指导;学生们孜孜向学,独立思考,刻苦钻研,读书治学的氛围十分浓厚。

二、进德修业与日常生活

研究生班的学习是充实而紧张的。首先,苗春德和同学们用3年时间系统地学习了专业基础理论、基础课程和基本技能。在研究生班正式上课之前,先由任课导师轮流介绍自己所教课程的基本内容和需要研究的主要问题,随后每个学生根据自己的兴趣与爱好选择导师,系里再根据选择的情况作适当调整。当时各位导师的授课情况是:邵鹤亭教授主讲先秦教育史;毛礼锐教授主讲秦汉至隋唐教育史;瞿菊农教授主讲宋元明清(鸦片战争之前部分)教育史;陈景磐教授主讲近代教育史;陈元晖教授主讲现代教育史。他们的讲稿于1979年由人民教育出版社分别以《中国古代教育史》《中国近代教育史》《中国现代教育史》为书名正式出版,这是新中国第一次公开出版的中国教育史教材(著作)。此外,张鸣岐先生主讲中国古代教育文选;董渭川教授主讲中国近代教育文选;程舜英先生为辅导教师,解答同学们在学习过程中遇到的问题。邱椿教授当时因长期患病未能给研究生班上课,但他非常关心这个班,曾用工整的蝇头小楷写了一份关于举办中国教育史研究生班的建议,在同学中传阅,给苗春德留下了深刻的印象。

  研究生班的课外活动是丰富多彩的,苗春德至今仍记忆犹新:早晨,他和同学们在宿舍门前的水泥路上做广播操、打羽毛球,到操场跑步,听中央人民广播电台广播新闻。每两周用一个下午时间从事校内劳动,把收获的大白菜送到食堂改善生活,把红萝卜拉回宿舍,饭后当水果享用。春寒料峭时的假日,师生相偕去北海公园和颐和园昆明湖划船,陈元晖教授就曾和同学们进行过划船比赛,用他的德国相机给大家拍照;炎夏酷暑时的假日,同学们到八大处公园里的清水河畔去游泳;秋高气爽时的假日,同学们骑自行车去香山看红叶,到八大处登高;大雪纷飞时的假日,同学们登上八达岭长城,体验"北国风光"。大家还一起去北京国子监考察中国古代的最高学府;到海淀工读学校了解特殊的工读教育;到中国人民大学去听北京大学冯友兰教授做关于孔子思想的学术报告;到军事器材展览会去参观解放军的教学改革成果展览……

研究生班的师生关系十分密切,颇有几分两宋书院的神韵。就像宋代书院大师一样,导师们在同学们心目中是"仰之弥高,钻之弥坚"的伟岸形象,这不仅因为他们多是海归派,外语特别好,更重要的是他们学贯中西,文史哲兼通,且循循善诱,教学艺术高超。邵先生的教案是用法文写的,他讲课不苟言笑,常能高屋建瓴,点到为止,耐人寻味,极富启迪性。毛先生讲课言如其人,深邃雅致,像清泉在干涸的土地上汩汩流淌,沁人心脾,使人流连忘返,欲罢不能。瞿先生汪洋恣肆,他讲宋明理学教育时,旁征博引,气势恢宏,融进自己的社会、人生体验,讲到酣处,常常搬出柏拉图的原版《理想国》,使人有不知"是理是瞿"的感觉。陈景磐先生最认真,讲课细密委婉,盈科而进,气韵生动。陈元晖先生最幽默,讲课慢条斯理,从容不迫,谈吐风趣,课堂气氛十分活跃。虽然导师们讲课各具特点,风采不同,但对同学们的要求却都是严格的。据苗春德追忆,导师们的要求大致有以下几点:第一,研究教育史,一定要运用马列主义的立场、观点和方法去批判与继承,汲取精华,弃其糟粕,做到"古为今用""洋为中用"。第二,学习教育史是一项极艰苦的工作,要有"板凳甘坐十年冷"的治学精神,潜心研究,不能急于求成,不能穿凿附会,不能不懂装懂。第三,布置大量的阅读作业,规定按时上交读书笔记,届时导师对作业进行认真批改,有的予以表扬,有的予以指正,使得同学们不敢有丝毫懈怠与马虎。第四,鼓励同学们多接触实际,增广见闻,不要两耳不闻窗外事。为此,毛先生要求同学们深入教育实际,认真搞专题调查;瞿先生要求同学们多看戏剧、电影,说这是"高台劝话",是人类受教育的重要渠道;邵先生要求同学们把孔子的事迹编成戏剧,每个人扮演一个角色,从中体会孔子的教育精神。第五,关于写文章,毛先生主张"有感而发",不要无病呻吟;瞿先生主张"多写",他说自己40岁以前发表过40篇(部)文章,这一点苗春德印象最为深刻;邵先生主张"慎重",他说如果立论不妥,站不住脚,让人抓住把柄,一棍子打下去,再站起来就很困难了。第六,规定每两周必须找导师交谈一次,交谈的内容既可以是专业学习中的问题,也可以是外语学习的问题,还可谈生活以及婚恋问题等。总之,师生间可以无话不谈。

研究生班的同学关系是温馨而纯真的。大家有感于本科期间的频繁运动,深以求知为急务。建立在这种共识基础上的同学关系十分亲密、真挚。同学间不仅在学习上争分夺秒、你追我赶,在政治上也开诚布公、互相信赖,生活上更是互相关怀、亲如兄弟姐妹。平时,大家很少直呼其名,年龄大的称大哥、大姐或老杨、老肖,以示尊重;年龄小的称小蔡、小吴或雅称邹子、宋子,以示亲切。1962年春节,杨立俊夫人从安徽农村来校探亲,背来半扇猪肉,杨立俊将猪肉送到研究生食堂,请大师傅每天中午另做一盆红烧肉,全班聚餐,一连吃了几天!这在每人每月只有半斤肉的年代里,实在是一种难忘的享受。此外,班上还有一条不成文的规定,凡同学家中有亲人来校,大家都去看望。1962年五一前夕,苗春德的母亲从河南老家来校看望儿子,同学们围着老人家嘘寒问暖,周末陪她在大操场看露天电影,五一晚上还陪她到景山看天安门上空的礼花。虽然在校只住了短短的一个星期,但同学间的情谊给苗春德的母亲留下了深刻印象,以至多年后她还常常向苗春德提到这次难忘的经历。研究生班的同学,虽然来自不同的院系,但多是一些忠厚亲和、潜心笃学的人,如勤奋好学、触类旁通的王炳照、蔡振生;谨言慎行、安静镇定的沈茂俊、杨焕英、吴玉琦;质朴笃实、中规中矩的陈德安、雷克啸、王树楷;豁达大度、视野开阔的肖功尝、韩义裕;心地善良、温和敦厚的邱瑾、杨立俊;思辨敏捷、诙谐健谈的宋元强、邹君孟;贤达精明、处事得体的何晓夏、吴永湄;特立独行、卓尔不群的陈兰芳等。每个人虽各具特点,但汇集到一起便形成一个和谐、奋进的集体。在这里,时时处处都充满着理解和善意,每个成员似乎都远离了世俗尘嚣,有了返璞归真的坦荡和充满青春激情的快意。大家不畏时忌,享受着本科学习阶段少有的真实,潜心地学习、钻研着,如饥似渴地吮吸着知识的乳浆,毫无顾忌地追寻着各自的理想之梦。正因为营造了这样一个团结友爱的环境与集体,因而大家思想活跃、畅所欲言、关系融洽、亲密无间。

三、念恩师,忆挚友

中国教育史研究生班是值得苗春德一生怀念的学术圈子和高级人才集体,"独学而无友,则孤陋而寡闻",三年间名师们的春风化雨,同窗间的切磋交流,使苗春德受益终生。在众多恩师和同窗之中,苗春德最难忘的是毛礼锐先生和王炳照学兄,先因中国教育史研究生班结缘,后又在学术上长期进行交流与合作,因而结下了深厚的师生之情和同窗之谊。

(一) 经师与人师:怀念恩师毛礼锐先生

这一届研究生班名师云集,其中对苗春德帮助最大,也是苗春德最为敬仰的恩师是毛礼锐先生。

毛礼锐先生别号振武,九三学社社员,出生于江西省吉安县一个书香之家。1929年东南大学教育系毕业后,怀着献身教育、改造社会的宏愿踏入教坛,直到1992年7月以88岁高龄与世长辞。60多年来,他不仅教风传四方、桃李满天下,为祖国培养了数代教育英才,是人师和经师合一的一代宗师,而且在中国教育史这块沃土上"筚路蓝缕,以启山林",为中国教育史学科体系的构建和教材编写做出了开拓性和建设性的重大贡献。

毛礼锐先生一生著述丰硕,成果累累,堪称教育史学界的巨擘。他早在大学读书期间就关注中国教育的实际问题和热点问题,开始发表文章。20世纪30年代出版了《地方教育行政指南》;20世纪40年代发表了《欧美高等教育的趋势》《明日的实验小学》《陶行知论教育纲领》《民生教育哲学》《新民主主义新教育》《教育与经济》《社会科学与人类前途》等;20世纪50年代以来,先后发表学术论文数十篇,出版了《古代中世纪教育史》《中国古代教育史》等著作,主编出版了《中国教育史简编》《中国古代教育家传》《中国教育通史》(6卷本)、《中国教育家评传》(3卷本)等。毛礼锐生前还主持了"中国古代教育思想史""中国古代教育制度史"和"教育史学方法论研究"等国家重点研究课题。60多年来,他锲而不舍、精进不休,据粗略估计,约有数百万字的著作。这些皇皇巨著的出版和问世,在教育史学界乃至整个文化学术界引起了极大反响,不但被国内学者奉为权威论著,甚至海外学者也一再摘引。如毛礼锐和邵鹤亭、瞿菊农教授合著的《中国古代教育史》于1988年获国家教委颁发的高等学校优秀教材奖,1989年又获全国首届优秀教育理论著作荣誉奖;毛礼锐和沈灌群教授主编的《中国教育家评传》(3卷本)于1989年获全国首届优秀教育理论著作荣誉奖,1995年又获国家教委首届人文社会科学二等奖;毛礼锐和沈灌群教授主编的《中国教育通史》(6卷本)于1990年获第四届中国图书二等奖,1995又获国家教委首届人文社会科学一等奖。其中的《中国教育家评传》(3卷本)和《中国教育通史》(6卷本),苗春德都以分卷主编的身份参与其中。

回顾毛先生的一生,苗春德总结其学术研究和教学工作特点如下:

第一,早年毛礼锐着重研究教育基本原理,即教育与经济、教育与人类、教育哲学、教育行政、教育趋势等。他指出,教育与经济、教育与人类前途存在着有机联系,因而他倡导节制生育、普及教育,加强教育管理和实验等。这是毛先生20世纪30年代初在英国皇家学院留学时主攻的专业方向。

第二,新中国建立后,毛礼锐致力于中国特色教育理论的研究。新中国成立后,面对新生的社会主义教育事业既蓬勃发展又相对缺乏具有中国特色的教育理论指导的局面,毛先生毫不犹豫地立即投身于中国和欧美近现代教育史的研究工作,力求用马克思列宁主义为武器,系统地分析和评价蔡元培、李大钊、鲁迅、胡适以及杜威等人的教育思想,在批判和借鉴近现代优秀教育遗产的基础上,为建设具有中国特色的社会主义教育理论体系而奋斗。1956年他出席了全国长期科学规划工作会议,1962年他又参加了全国教育科学规划及高校文科教材编选会议。之后,他按照党中央关于文科教材会议的指示精神,主持和带领北京师范大学教育史教研室的全体教师,致力于中国教育遗产的挖掘与整理工作。60年代初,他主持编写出一批中国教育史讲义和教材,一方面在本科生和研究生中试用,另一方面广泛征求教育界、史学界及兄弟院校专家、学者的意见,并多次组织、召开教材编写研讨会、修改会等。在此基础上,他同邵鹤亭、瞿菊农教授一起完成了中国古代教育史学科体系的构建和教材编写工作;陈景磐、陈元晖教授也分别完成了中国近代教育史和中国现代教育史学科体系的构建和教材编写,这就是1979年由人民教育出版社出版的《中国古代教育史》《中国近代教育史》和《中国现代教育史》,这也是新中国第一次公开出版的中国教育史教材(专著)。党的十一届三中全会后,毛先生又主编出版了按专题形式编写的《中国教育史简编》,实现了他的夙愿。他曾对苗春德说:"按专题编写教育史还是一种尝试,必待教学实验,方能使各专题渐臻完善",不仅如此,"将来还可进一步组织人力编写中国教育专题的单行本,还可以编写中国教育断代史。这样努力下去便可以在一二十年内初步完成一整套中国教育史著作"。他认为,专题题材的缺点"不可避免地要在时代背景方面作重复的叙述,这样说来,教育通史又很重要了"。因此,1985年至1988年,毛礼锐和华东师范大学资深教授沈灌群主编的250万字的《中国教育通史》(6卷本)出版了,1988年至1989年他和沈灌群主编的160万字的《中国教育家评传》(3卷本)又问世了。这些著作,尤其是《中国教育通史》(6卷本)被称为"我国教育史学领域的奇葩",在中国教育史学史上是"前无古人的拓荒巨著"。不仅如此,毛先生还为中国教育史学科的发展"指点江山",规划了蓝图。他谆谆告诫教育史学界:"近年来,教育史学界很活跃,出了不少成果,但总的说,'中国教育史'还属于比较年轻的学科。我们是具有数千年文明的国家,有着丰富的教育史史料。国外学者对我们中国古代教育思想也很重视,他们注意研究我们这个文明古国的'土特产',这些'土特产',具有世界意义。现在我们讲'对外开放',向外国学习好的经验,这是应该的,但我们中国教育思想也积蓄很深,很有特色,如果简单地加以否定,只概括几点消极、落后的东西,以偏概全,武断对待,我是不赞成的。我赞成深入研究,前几年我给研究生讲课时就说过,中国教育史要从多角度、多侧面、多层次、多方位地研究,要开拓研究新领域、新途径。我们要从教育思想史、教育制度史、断代教育史、专题教育史、各地区教育发展史、各学派教育发展史、教材教法发展史、少数民族教育史、中外教育交流史、中外教育史比较研究等等,宏观与微观相结合地加以研究。这些工作我是难以做到了,我寄希望于中青年学者,'后生可畏,焉知来者之不如今也'，我深信年轻一代会超过我们这一代的。"改革开放以来，中国教育史学界正是遵循着毛先生等老一辈学者深谋远虑的设想和规划，开拓创新，新人和新作不断涌现，呈现出人才和著作一片繁荣的景象！众所周知，旧中国的师范教育虽有中国教育史这门课程，也有一些学者从事这方面的研究工作，舒新城、陈青之、陈东原等人的著作均有一定的水平和影响，但充其量这只能是中国教育史的童年或幼芽。中国教育史学科是在20世纪初开始，经历了从无到有、从幼芽到茁壮成长、突飞猛进的发展过程，毛礼锐教授为此做出了不可磨灭的历史性贡献和业绩，是一位坐标式的杰出人物。

第三，毛礼锐先生重视加强教育史学工作者之间的合作研究。教学与研究、教书与著述相结合，是毛礼锐先生一贯坚持和行之有效的成功经验。早在20世纪50至60年代，他在创建中国教育史学科体系和编写教材的过程中，一面搜集、梳理中国教育史的线索和特点，一面将研究成果交给学生评阅。特别是在晚年，他在研究和撰述的过程中，总是有意识地主动邀请学生参与，借以培养学生的研究能力，以促进他们在学术上更快地成长。1982年全国教育史研究会第二届年会在西安举行，毛先生将包括苗春德在内的"文革"前毕业的6位与会研究生召集到他住的房间，说要组织起来一起编书，在学术上带一带大家。1984年和1987年，他主编的《中国教育史简编》和《中国古代教育家传》（3卷本），就是师生合作、老中青相结合的辉煌成果。他主编和出版的教育史著作，特别是《中国教育通史》（6卷本）

和《中国教育家评传》(3卷本)这两部大型学术专著,由他和沈灌群两位学术带头人为主编,将星散在全国各地的包括苗春德在内的老中青中国教育史工作者团结起来,分工合作,集思广益,协作攻关,经过几年的艰苦努力,终于将祖国悠久灿烂的教育文化,系统地、科学地呈现在世人面前!更令学术界欣喜的是,通过以老带新的学术编著活动,一个以他和沈灌群教授为核心的,团结友好、合作融洽、以事业为重的教育史学科群体形成了!这种多方协作,全国一盘棋,快出成果、快出人才的发展学术事业的新路子、新格局具有普遍意义和推广价值。苗春德此后的《宋代教育》《南宋教育史》《中国近代乡村教育史》等重量级著作就是受毛先生的引导和启发,联合校内外专家、带领自己的研究生一起完成的。这是毛礼锐教授晚年为中国教育史学的长远发展所做出的又一卓越建树,充分显示出他的大家风范!

第四,他是人师和经师合一的一代宗师。无产阶级革命家、教育家徐特立说,教师有两种人格:经师和人师。那种只教学问的教师叫经师,另一种教行为、教怎样做人的教师叫人师。好的教师应该"人师和经师二者合一",既教书又教人。苗春德认为,毛礼锐先生就是这种经师与人师二者合一的一代宗师。他不仅学识渊博,造诣精深,治学严谨,硕果累累,教育史学界和学生们对他敬爱有加,而且严肃认真,奖掖、提携后辈,诲人不倦,在做人方面也是一代楷模。毛礼锐先生一贯忠于职守,严谨笃实,任劳任怨,像蜡烛一样燃烧自己,烛照别人;他数十年如一日,忠诚于人民的教育事业,勤勤恳恳,埋头耕耘,"不知老之将至"。鉴于他的声望和成就，经常有外地或外单位人员或登门拜访，或寄送书稿请他指点，他总是来者不拒，掬一腔热情真诚接待，并提出明确而中肯的修改意见。他的学生晋升职称请他写评语，或出书请他写书序，他也不顾自身年老体弱和两眼昏花，一一满足要求。苗春德破格评副教授职称时，毛先生就曾为他写过评语，苗春德在国内外产生广泛影响的著作《宋代教育》，也是由毛礼锐先生作序的。

毛礼锐先生经常勉励苗春德应积极向上，勤奋好学，勇于攀登。他特别向苗春德强调，要运用马克思主义的立场、观点和方法去学习、研究教育史，取其精华，弃其糟粕，要批判地继承，努力地做到"古为今用""洋为中用"。同时，一定要在广泛、全面地占有史料的基础上，进行实事求是、客观和辩证地分析，揭示历史的本来面目，不能穿凿附会，不能急于求成，不要不懂装懂。他要求学生写文章要"文以载道"，应有感而发，不要无病呻吟。他常常结合自己领悟理论、了解研究方向、驾驭历史资料和治学方法等方面的经验与心得，一点一滴地传授给学生，使学生受到很大的启发和教益。毛先生桃李满天下，他的学生大都成了所在单位的教学和科研骨干，成了硕士或博士生导师，但他们对毛先生的教诲和勉励却始终言犹在耳，终身铭记。不仅自己永志不忘，学生们还将毛礼锐先生的人格精神、治学态度和方法传授给自己的学生，这种代代传承的优良教风和学风，必将在知识经济时代和信息社会结出社会主义精神文明和物质文明的硕果！

总之，毛礼锐先生为人谦和真诚，待人至仁至义，学贯中西，文史哲兼通,在教育史学界享有崇高的声誉和威望。他生前兼任多种学术团体的领导工作,一贯坚持以学术带头人为中心,加强同行学者间的群体协作研究,尤其重视奖励诱掖晚辈。苗春德现在回忆起恩师,仍然难掩激动:"毛先生不愧是一位睿智的学者,一位平易近人的长者,一位提携晚辈、识解宏通的一代宗师。他虽然化仙西去了,但他留下数百万言的著作和教学经验正绵绵不断地泽被后人,激励后人继往开来,汲古铸今。"

(二)志同道合:追忆同窗挚友王炳照

在同学中,苗春德印象最为深刻的就是同窗好友王炳照了。王炳照是第一届中国教育史研究生班同学们的兄长,虽然他不是年龄最长者,但他的成熟和老练却有目共睹,对苗春德的成长起到了重要的引领作用。王炳照出生于河北景县一个贫苦农民家庭,抗战末期参加过八路军的儿童团,像潘冬子一样扛过红缨枪。这种特殊的经历,在同学中绝无仅有,这也是他比其他同学成熟和老练很多的主要原因。

20世纪60年代初,物质十分匮乏,王炳照像兄长关心弟弟妹妹一样,时刻把同学们的冷暖记挂在心。研究生班南方同学多,特别是刚从南方院校新来的同学,衣被单薄,过冬有困难,他就带领团员到毕业离校学长的宿舍里,拣来被丢弃的草垫,为他们铺在床上,厚实松软,犹如时下的席梦思。当时,研究生班的党、团支部还动员同学凑出6张棉花票,买来棉花和不收布票的人造棉布,由王炳照比葫芦画瓢裁剪后,粗针大线缝制出6件棉坎肩,供同学们外出和南方来的同学御寒保暖。20世纪60年代初,为了丰衣足食,每系每班都分有校园"小片荒地",供开垦种菜,以弥补食物之不足。研究生班的"荒地"在中斋女生楼东边。在学校规定的校内劳动时间,同学们分别翻地、打畦、播种、浇水、锄草、施肥,但每次王炳照都承担最脏、最累的掏大粪工作,谁抢他都不给。辛勤的汗水换来蔬菜的丰收,每临收获时,王炳照带领同学们把大白菜送往学校食堂改善生活;红萝卜则被悄悄截留一部分,拉回宿舍,饭后当水果享用。此情此景,苗春德至今难以忘怀。研究生班的同学,虽然来自不同的校、系,但大家有事都愿意找王炳照;导师有事也愿找他去办,他俨然成了师生之间、师生和系室之间的信息中转站和纽带,为此,大家送他一个"大使"的雅号。究竟是"大使""大师"或"大施",谁也说不清楚,大概是他能帮大家办事吧。这个称谓,在研究生班时同学们这样叫,毕业工作几十年后同学们还这样叫,至今不曾改口。

王炳照还是研究生班政治上的榜样。第一届中国教育史研究生班入学时,来自本校的15人中仅有1名党员,其余同学都是团员。1962年,王炳照第一个被党组织发展入党后,在班里引起强烈反响,苗春德和同学们纷纷以他为榜样,努力学习政治和《毛泽东选集》,积极靠拢党组织,严格要求自己,一时间研究生班的同学纷纷向党组织递交入党申请书。通过4年的专业学习(包括1963年冬3个月的大兴"四清"和1964至1965年共8个月的河北衡水、冀县"四清"),研究生班又先后发展了苗春德和邱瑾同志入党。其他同学即使在毕业过程中遇到坎坷,一时心情不畅,但始终不放弃入党的信念和追求,十一届三中全会后,大部分同学如愿以偿地加入了党组织,并成为所在单位的骨干和领导。这不仅从一个侧面反映了王炳照的人格魅力和精神感召力,而且也折射出第一届中国教育史研究生班的政治素质。

王炳照更是研究生班孕育出的学术巨星。他学生时代就出类拔萃,才华横溢;毕业留校后,在《北京师范大学学报》工作10余年,最后又叶落归根,回北京师范大学教育系当老师。在系里,除了协助毛礼锐教授带研究生外,还协助陈元晖教授、毛礼锐教授、沈灌群教授等前辈开创了教育史研究的新时代,在我国教育史学科的重建和发展过程中起到了承前启后的关键作用。20世纪90年代以后,前辈教育史学家相继谢世,年富力强的王炳照接过前辈的未竟之业,当仁不让地组织、团结、带领全国教育史学大军,向中国教育史阵地发起一次次冲锋,占领一座座高地,战果丰硕、辉煌,从而奠定了中国教育史研究的基本框架和学科体系。在王炳照的累累研究成果中,最引人注目的《中国教育思想通史》(8卷本)、《中国教育制度通史》(8卷本)、《中国书院史》等巨著,在中国教育史学的发展历程中,绝对是一部力作,是中国教育史领域的标志性成果。因此可以毫不夸张地说,王炳照自20世纪90年代开始,已成长为中国教育史领域的领军人物。

毛礼锐先生逝世后,王炳照接过恩师的班,继续招收和培养博士研究生,直到2009年溘然长逝,一共培养了20届学生,有近50名学生获得博士学位。对于中国教育史学科的建设和发展,他做到了"鞠躬尽瘁,死而后已"。如今,他的博士研究生遍及祖国各地,有的成了所在单位的教学骨干,有的成了硕导、博导,他们从王炳照老师手中接过接力棒,不忘初心和师诲,在中国教育史领域攻关夺隘,冲锋陷阵。尽管王炳照现已离世,但苗春德每每想起学兄,其人品学识和永远绽放的笑容就萦绕心头,他为第一届中国教育史研究生班孕育出王炳照这颗耀眼的巨星和统帅而感到无比骄傲!

1965年,北京师范大学教育系中国教育史研究生班、教育学研究生毕业合影

第三章　教书育人

一、独具特色的教学名师

从1982年到2003年,在这22年漫长的高校教师生涯中,苗春德培养了一代又一代教育学人。他主要担任3门课程的教学任务,其一是中国教育史课程。1982年苗春德刚到教育系时,主讲的是中国现代教育史。当时系里担任中国古代教育史部分的是刘锡辰老师,他是新中国成立后教育系的毕业生,毕业后到北京师范大学进修过,后来又被打成右派,实际上并没教过多少年书。刘锡辰一生对孔子很感兴趣,系里派他教古代教育史,他没有围绕课程大纲教课,仅仅介绍自己研究孔子的心得,学生因此反映不是很好。于是系领导对苗春德说:"你的现代教育史教完后,给你半年时间备古代教育史的课,半年以后你来上古代教育史!"所以苗春德教了半学期中国现代教育史以后,就开始备古代教育史的课,兼任这两部分的课程。而中国近代教育史部分则由程合印老师讲授,后来又由他的学生赵国权教授接任。苗春德还给教育史研究生上宋明理学教育思想及其流派课程。教育系于1985年开始,以校内外联合培养的方式招收教育史研究生,苗春德以专题讲座的形式,给研究生们授课。三是中国教育史纲课程。当时河南大学的马列部即现在的马克思主义研究院,每年邀请他讲授暑假的全省政治课教师培训班的中国教育史纲课程。当然,苗春德最为重视的还是他安身立命的中国教育史课程,在教学过程中,他结合中国教育史课程特点,逐渐形成了一套自己的教学理念、方法和独特的教学品格,对当前高校教育学专业的中国教育史课程教学仍具有重要的借鉴意义。

(一)"深入浅出"的教学理念

在北京师范大学7年的读书生涯里,除了系统的知识体系外,苗春德还从自己众多的恩师身上汲取了很多教学智慧和教学艺术,他尤其推崇顾明远先生的教育教学理念。

顾明远,1929年10月生,男,江苏江阴人,中共党员,我国当代著名教育学家、新中国比较教育学科奠基人、中国教育学会名誉会长、北京师范大学资深教授、博士生导师。苗春德曾回忆,自己在北京师范大学读书时,顾先生刚刚留学苏联归来,到北京师范大学教育系外国教育研究所任所长,带领团队主要研究外国教育史。在顾先生发表的文章中,其中一篇主要谈高校教师如何开展教学,这篇文章苗春德印象很深。文中提到,大学课堂教学中有四种教师:第一种教师能做到"深入浅出",即对课程有深入研究,并且能够用通俗易懂的语言把很深的道理讲给学生听,使学生学起来比较容易,这是一种难得的好老师。第二种教师能做到"深入深出",即教师能够深入把握教材,但是他不能够用通俗易懂的话把道理讲清楚,讲的也很深入,学生一开始听起来摸不着头脑,但是学过之后也很有收获。这种老师虽然在讲课上有些问题,但是应该也是一种好老师,因为他有问题意识和学术思想,能启发学生思考。第三种教师能做到"浅入浅出",即他基本能把握好课程、教材,讲的时候还能够浅显易懂、平铺直叙,但深入不下去。这种老师虽然学问好像不是很大,但也基本能够把史实讲清楚,这种老师虽然有种"匠"味,基本上也算是可以的。第四种教师只能用"浅入深出"来形容。他深入不下去时不懂装懂,讲的时候让学生听起来云里雾里找不着调,因为他自己就没深入下去。这种老师是最差的,容易误人子弟。苗春德对顾先生的说法深以为然,他说,他也怕第四种老师。他说:"从小学上到中学,讲台上老师有没有这种老师呢?有。他上课时说,国学怎么讲,马克思主义怎么讲,斯大林怎么讲,到他这却啥都没了,因为他根本总结不出来。所以碰到这种老师,学生都不愿意学。"

学者马敏认为,"无论史学如何演变,'故事'始终是历史的中心线索,而'描述'或'描写',即讲述故事的能力,是历史学家最基本的技艺和看家本领"。一个优秀的高校历史教师,不仅要有客观、冷峻、沉郁的学术思考,还应在教学中具有一颗赤子之心与浓郁的人文情怀,善于穿透历史表面,深入历史内核,用合理想象构建人物、事件的场景,即"讲故事的能力",让学生喜闻乐见。在这一点上,苗春德在一定程度上做到了。他曾回忆道:"讲课我自己也不好给自己做评价,反正我就觉得讲课就是尽量讲得通俗易懂一点,因为无论本科生、研究生,还是中学政治课教师,他们对中国教育史课程都没有系统学过,就是知道一些教育家,一些古代有名的教育故事等。所以讲课的时候,我就想着怎样能够提纲挈领、生动有趣地把一个东西讲清楚,在他们头脑里画一个线索。教育史从远古有人的那天开始,一直到清朝末年,都是怎么发展来的——就是把这个线条勾画出来。"

苗春德说,自己的讲课水平达不到第一种教师的境界,第二种感觉也比较困难,自己应该属于第三种老师。当然,这是一种玩笑和自谦,他在给学生上课时一直秉承"深入浅出"理念,取得了良好的教学效果,给教育学专业一届又一届的同学留下了深刻印象。正像他的得意门生赵国权教授回忆的那样:"学养深厚的他(苗春德),既依据教材,又不本于教材;他旁征博引,内容充实、生动,又善于启发引导,带给我们的不仅是教材中的思想,更多的是他对教育史中的事件及人物的思考和见解。一个学期下来,我记了一厚本课堂笔记,受益匪浅。"

(二) 宏观与微观相结合的教学方法

苗春德一直有当高校教师的夙愿,一旦梦想成真,走向讲台教书时又感到了一些压力。这是因为他离开专业已经17年了,怎么从事教学活动,能不能教好,心里不是很有数,所以刚走上讲坛,他的内心是矛盾的:一方面激动于机会难得,一方面又感到莫名紧张。他说:"教书这件事,我自己也知道,当个好教师的确不容易。我常常这样想,当教师和当厨师有同样的道理,同样遇到一个问题就是众口难调。当厨师,备好了食材,经过精心烹饪,做好了食物,顾客喜不喜欢吃,吃的多还是吃的少,人家会给你不同的评价,就是再好的厨师也不能达到人人对饭菜都满意的地步。同样老师也是,再好的老师也不可能使学生百分之百的满意,这是我常常思考的问题。虽然做一个好教师很难,但也不能知难而退,你必须去实践,一个优秀的教师到底该怎么做?"带着这样一个问题,苗春德静下心来,经过深入思考,他最终选定了自己的教学方法,即"宏观加微观,叙事来串联"。

他认为,讲授中国教育史特别是中国古代教育史,教育思想史是相对容易的,因为每个教育家的成长经历、教育活动、教育思想都有自身特点,讲出来自然不一样。但文教政策、制度沿革等方面就不好讲,首先必须把历代基本史实讲清楚,把发展过程捋出来,这中间就需要把宏观的过程和微观的人、事、制度等结合起来讲,因为光讲宏观就显得大而空洞,学生抓不住,必须落实到某个朝代,用实实在在的东西支撑;但仅有实实在在的东西,没有一个宏观的把握,东鳞西爪,天上一个事儿,地下一个事儿,什么都知道,就是串联不起来那也不行。他举例子说:"教学活动就像搞建筑盖房子一样,这一堆砖,那一堆瓦,那一堆水泥,能把这些东西搭配好,搭上架子盖成平房或者楼房,这个工匠才算是优秀的。如果说这些材料你用不上或者不会用,你就搭不起架子盖不起房子,不要说盖个楼房,你平房都搭不起来。同样的道理,在中国教育史的学习中,如果学生掌握的知识支离破碎,把握不了某个时代的整体状况,没有那个时代的历史感知,那肯定是不行的。因此，做老师必须像一个好的工匠一样，把不同材料合理利用起来，搭起架子盖起房子，需要盖平房就盖平房，需要盖楼房就盖楼房，需要盖几层就盖几层，信手拈来。"中国古代文化传承不辍，古代教育同样历史悠久，从远古时期三皇五帝、夏商周一直延续到明清，各个时代既有共性，也有其独特的政治、经济、文化背景，中国古代教育作为中国古代文化的重要组成部分，作为历代王朝"建国君民"的利器，在各个时代中所真正起到的作用，讲课时必须厘清它。所以，苗春德上课时尽量把宏观和微观结合起来，使学生既有宏观的掌握，从古到今的脉络和线索清清楚楚，同时具体到朝代、教育家、教育政策的具体实施，它为什么在这个朝代，而不是在其他朝代，都要给学生讲清楚。他认为能做到这一步就算基本上完成了教学目标。

他还以宋代和明清为例来解释自己的教育方法："宋代为什么思想比较解放，比较活跃？因为那时的社会阶层变动剧烈，社会舆论较为宽松，文化普遍下移。在这种情况下，很多文教政策和以前不一样。隋唐的科举考试制度非常严格，对哪些人不能参加，给你规定得很死，而宋代就不一样，那些家庭出身贫寒的人也可以参加科举考试，甚至一些贩夫走卒也可以参加科举考试，只要你考得过去就可以改变命运。但到了明清时期，思想统治和文化压迫就很严重，一些东西就会产生变异，好比说《西游记》《聊斋志异》，为什么会产生在明代或者清代呢？就是因为他的文化政策禁锢了人的思想，那没有自由的知识分子就想办法把自己的思想表露出来——你不让我讲社会现实，我讲神鬼,这不违反规定吧?!所以《西游记》讲妖魔鬼怪,《聊斋志异》讲鬼神的故事,鬼神有善有恶,实际上是在影射现实。又比如说明代官学设立有司法机构叫绳愆厅,可以直接设私刑责打违规师生,甚至有处死学生的权力,学校也成为变相的法律机关了。所以,文教政策和时代的整体背景联系起来讲,好多问题就好理解了,如果这个东西你不贯穿下来,那么学生就会无所适从。"

（三）开创教学与科研并举的新思路

苗春德认为,高校教师既要教书育人又要做好科学研究工作,只会讲课,不会写文章或只会写文章不会讲课都是有缺陷的。他举了一个例子:"我当教育系主任期间看上一个学生,他上学时写过几篇文章,很不错,我想,可以把他留校当教师。于是,我找到这个学生提出自己的设想,但是学生说,'我留下来只写文章不教课,行不行?'我说,那肯定不行,你在系里就要教书,教书的过程中可以写文章。"那种只会教书而不会写文章的人,用苗春德的话说,就是一个教书匠,而只会写文章不会教书就等于农民不会种地,工人不会做工,都不行。所以,高等学校教师必须既教书又写文章,两者不可偏废。

带着以教学带动科研的思路,苗春德不仅鼓励身边的师生积极从事科研活动,还以身作则,硕果累累。1983年,也就是他转入教师队伍的第二年,在教学之余,他一年就发表了8篇学术论文;他的3项国家重点课题的选题、获批和完成,也是在他教学之余深入思考、勤奋写作才做到的。苗春德身体力行、勤奋著述，为学生和系里的青年教师作了表率，师生们也都按照自己的兴趣爱好，积极撰写和发表学术论文，一批学生如赵国权、李桂荣、王恩国、李世平、李志刚等都从中得到了很好的学术训练，为他们日后从事教育科学研究打下了坚实基础。

二、学生回忆苗春德老师

在22年的执教生涯里，苗春德为社会培养了一大批栋梁之材，可谓桃李满天下。毕业后留在河南大学工作的5位学生，即赵国权、李桂荣、王恩国、李世平、李志刚是学生中的典型代表，他们深情回忆、畅谈当年师生之间的交往情景，全面、立体、生动地呈现了苗春德在教学、科研、管理等方面的成就以及他在学生心目中德艺双馨的形象。

（一）赵国权：我与苗春德老师的学术交往

苗春德老师是我敬仰的教育史研究领域里的老专家、老前辈，也是引领我步入宋代教育史研究领域的学业恩师。

早在河南大学读本科阶段，我就受益于苗老师的教诲。记得是在1982年，我读大三的上学期，苗老师刚从教务处转岗到教育系，就给我们1980级同学上中国教育史课，主讲现代部分，即从1919年讲到1949年，用的是陈元晖主编的《中国现代教育史》教材。学养深厚的他，既依据教材，又不本于教材，他旁征博引，内容充实、生动，又善于启发引导，带给我们的不仅是教材中的思想，更多的是他对教育史中的事件及人物的思考和见解，一个学期下来,我记了一厚本课堂笔记,受益匪浅。我本科毕业留校工作后,分在教育史教研室,跟苗老师成了同事,从事中国教育史的教学工作。他虽为教育系副主任,后又被提拔为系主任,但很平易近人,我平时向他请教得最多,我最初备中教史课时,多将他的思路、方法、案例等融入我的教案和课堂教学之中。

在我留校后的最初几年里,没有科研压力,老师们想做就做,不想做就变着法儿消磨闲暇时光,每当教研活动或政治学习结束之后,每个教研室几乎都是牌场,有打牌的,有看牌的,好不热闹,全没"大学者,研究高深学问者也"的感觉。作为系主任的他甚为忧虑,为鼓励中青年教师搞科研,他提出要"消灭科研空白点",且身体力行,勤奋著述,为中青年教师树立了榜样。我从他身上看到了作为一名大学老师的使命与担当,凭着自己的兴趣爱好,也开始积极撰写和发表学术性文章,单就数量来说,在全院教师当中应该是比较靠前的。从中我得到了很好的学术训练,也为日后从事宋代教育研究打下了良好的基础。

之后,我与苗老师有过三次重要的学术合作。

第一次学术合作始于20世纪80年代末。当时,以漆侠教授为主的河北大学的宋代研究在国内外有了一定的影响力。他不仅创立了宋史研究室,牵头申报、获批中国古代史博士学位授权点,一批博硕生也开始以宋代研究为学位论文选题方向,尤其是1987年他的代表作《宋代经济史》上、下册的出版,奠定了他及河北大学宋史研究的学术地位,也就在这一年,漆侠教授担任中国宋史研究会的副会长,1992年以后任会长。相对而言,河南大学以文史研究见长，又地处北宋时的都城开封市，有着天时、地利、人和等多方面的优势，更应在宋代研究方面做出应有的贡献，但在事实上显然有些滞后。于是，河南大学出版社开始策划出版一批"宋代研究丛书"，《宋代教育》是规划出版图书中的一本。鉴于苗老师在教育史领域里的学术地位和影响力，毫无疑问被任命为《宋代教育》一书的主编，我作为一名刚刚步入学术研究领域里的青年教师，也加入了《宋代教育》一书的编写队伍。苗老师对全书的框架做了认真而又学术化的梳理，分为政策编、铨选编、学校编、管理编、学术编和人物编，不同于其他教育史著作的编排方式。我主要承担"学校编"中的宋代官学，"管理编"中的宋代教育行政管理、官学的组织管理和制度，"人物编"中的胡瑗、张栻和朱熹三位教育大家的编写任务。刚开始，我觉得力不从心，苗老师就如何查阅原始资料，如何论从史出，如何"一分证据说一分话"等方面指导我做研究，渐渐地我把握住了研究的思路和方法。从1990年提交书稿到1992年出版，之间又经过多次修改打磨，全都是一笔一画地手写出来的。《宋代教育》出版后在学术界引起较大反响，多家媒体刊发书讯或介绍，《中国史研究》《教育史研究》《河南社会科学》等知名期刊也相继刊发综述或书评，并先后获得河南省优秀图书奖、河南省优秀社会科学成果二等奖、国家教委首届人文社会科学成果二等奖等。可以说，这本书奠定了苗老师和河南大学在宋代教育研究领域的地位。

第二次合作始于2003年。当时中州古籍出版社要出版一套大型丛书《中原文化大典》,其中的《中原文化大典·教育典》由河南大学教育科学学院来承担。是年9月29日下午,在河南大学出版社会议室召开第一次协商会,中州古籍出版社总编辑张存威、教育科学学院院长赵国祥出席会议,确定由苗老师和赵国祥为总主编,刘卫东为社会及家庭教育分卷主编,牛梦琪为官学分卷主编,我为私学书院分卷主编。我们将各自的分卷提纲拟定好后,在苗老师的主持下,参编人员经过多次会议商讨交流。初稿完成后,苗老师本着打造精品的想法,认真阅读书稿,并提出诸多建设性的修改建议,历经4年完成定稿,官学卷和私学书院卷也于2008年正式出版。就区域教育专题史研究来说,《中原文化大典·教育典》的编纂与出版,无疑是一次较大的突破。

第三次合作始于2005年,即与《中原文化大典》交叉同步进行的《南宋教育史》创作。是年,杭州市社科院成立南宋史研究中心,设立一项重大课题,即组织编写一套大型"南宋史研究丛书",其中一本为《南宋教育史》。编委会在招募各分卷主编人选时,并未局限在浙江省内,而是面向国内外宋史研究领域里的专家学者。他们直接请苗老师做主编,表明对他之前主编《宋代教育》一书成果的高度认可。我作为主要参与者,承担着南宋书院教育、社会教育以及张栻、朱熹、吕祖谦的教育思想的撰写任务。2006年4月我要到日本中央大学访学一年,在一定程度上延误了交稿的日期,苗老师也予以充分的理解和支持。一年之后返回开封,我便全力以赴,不仅顺利完成所承担的写作任务,还重写了社会教育和吕祖谦等本应由其他老师所承担的写作内容。更有幸的是，我作为副主编与苗老师合作完成书稿，2008年该书由上海古籍出版社出版。《中国社会科学报》2009年7月1日第16版刊登一系列有关"南宋史研究丛书"的评论文章，其中一篇就是《对南宋教育史的全面探索——简评〈南宋教育史〉》。

与苗老师的每一次合作，都让我的学术水平有一个很大的提升，成为我不断上进的财富和动力。我所带过的教育史专业研究生，基本上都会选择宋代教育中的某一个问题作为学位论文的选题方向，我的博士论文写的也是社会大变局中的两宋女子教育生活。2018年苗老师还规划主编一套"宋代教育研究丛书"，我所承担的《多元与开放：社会大变局中的两宋女子教育生活》和《宋代"家国同构"下的多元社会教化研究》两本书已于2020年在科学出版社出版。可以说，苗老师开创了宋代教育研究这一新领域，我只是携同几位青年教师及历届中国教育史专业的研究生一起，将接力棒传递至今，这也是我学术生涯中很值得欣慰的一件事情。在我退休之年，幸有张建东博士足以挑起大梁，不仅积极申报"夷门传薪"项目来探究苗老师的学术思想和实践，还整合团队资源，争取将宋代教育研究所申报为校级重点研究机构，实乃宋代教育研究之幸。

（赵国权，男，教育学博士，日本中央大学访问学者。河南大学教育系学校教育专业1980级学生。曾任河南大学教育科学学院教育学系副主任、主任，教育史专业硕士生牵头导师。现为

赵国权与苗春德

河南大学教育学部教授,开封市政协常委,兼任信阳学院中国庙学研究中心主任。)

(二)李桂荣:我眼中的苗春德老师

1. 教书育人方面

苗春德老师是我的亲授教师,他为我们讲授中国教育史课程,这对教育学专业的学生来说是一门很重要的基础课。我是1983级的,这是教育科学学院恢复建系之后的第四届学生。1954年教育系停办之后,教育系就变成了教研室,所以1980年恢复招生后我们系的专业教师存量不足,很多老师要么是从历史、政治等专业调过来的年轻人,要么是从以前的教育学科毕业生中请回来的,苗老师就属于被请回来的这批教师。由于他们长时间没有从事大学的教育教学工作,因此都有一个专业恢复期。在我的印象里,有一个读书时的老师群体画像,就是大家都特别认真,对学生特别好,师生共同体的感觉比较强。但也有部分老师的专业水平不是很理想,所以也有同学提意见要求换老师。苗老师是属于大家都特别喜欢的那一种,我印象最深的,就是他的粉笔字,虽不是特别洒脱,但是很流畅;他的授课也很严谨,知识体系性特别强,整个课堂的代入感以及课堂内容讲解得十分到位,所以同学们都觉得苗老师是非常称职的。苗老师不是那种你只能仰望他的泰斗型教师,我觉得,他就是你身边的一个朴实的好老师,他具备系统的专业知识、很强的专业能力和深切的人文关怀,学生和他在一起有一种亲切的感觉。20世纪80年代的老师,我觉得都有强烈的育人情怀,下课了同学们也都很乐意跟老师一起讨论一些事情,而且老师们也都很熟悉学生,差不多都能叫出学生的名字。老师们都本着教书育人的初衷,尤其是苗老师,书教得好,育人情怀也十分浓厚,我觉得他代表了那一代教师,苗老师就是那一批大学毕业后长期不在高校工作,回到高校后重拾专业的教师群体的带头人。

2. 学院管理方面

我能留校任教与苗老师的支持分不开。我读本科的时候,王汉澜老师是系主任,他有较为开阔的视野,希望能给我们多开一些前沿课程。1985年,我们开始开设教育经济学这门课,但我们自己没有教师,只能从外面聘请,老师每周过来,讲完就走,所以我读研究生后,王老师特别希望我毕业后能留校任教,担起教育经济学这门课的教学任务。当时北京师范大学已经能独立开设这门课了,王老师希望能够把我送过去深造,但我读到研三时,王老师已不是系主任了,苗老师接任了系主任。王老师就和苗老师商量,苗老师非常支持这个想法,于是,我去了北京师范大学,我的毕业论文就是由河南大学和北京师范大学的老师共同指导的。现在想想,如果没有王老师和苗老师为学院长远发展谋划的意识、决策和运作,我就不可能提前被送出去学习,很有可能也不能留到河南大学工作,我和河南大学可能也就只有读书缘,没有工作缘了。所以,通过我的自身经历,能够看到苗老师在工作中更多的是为整个学科、学院发展而深谋远虑、运筹帷幄。

当时系里的情况和现在完全不同,现在已经有了非常好的发展基础,而那时就是创业,是开垦,是拓荒,很多方面都是零起步,那是一个艰难爬坡的阶段。可以说,苗老师是这一阶段里程碑式的人物,系里恢复学科后没有走什么弯路,而是一步一个台阶地往上走。苗老师作为系领导,他的权威是自己通过实干树起来的,大家很认同他作为一个系领导的地位。或者说,在那个重要的历史阶段,教育系发展的使命需要苗老师担负起来,而他也真正地担起来了,他为学院发展做出了重要贡献,对于这一点,同事们都是非常认同的。

3. 日常交往方面

留校后，我与苗老师成为同事，平时因为苗老师在教育史教研室，我在教育学教研室，我们在实际工作上的交集不是很多。生活中因为他是我的亲授之师，本科、硕士阶段他就非常熟悉我，而平常系里的活动也非常多，我也算是个活动积极分子，因此反而和苗老师有了比较多的沟通机会。当时还有一个比较有意思的事情，就是那个年代我们不仅要发展自身的学科，还要为整个社会培养人才，因为那时高等教育还没有大众化，成人高等教育的需求量非常大，系里的函授生、成教生的培养任务很重，尤其是我们系还担负着全校各类师范专业函授生、成教生的公共课，所以对于成人教育，可以说是系里的老师全员上阵，老师们经常会被派出去上课。

有一次我被派到南阳方城上课，苗老师恰好也去方城授课，虽然是前后交班，但我们有两天时间是重叠的，我还没走他就去了，于是我们俩就在一个不知名的小面馆一起吃饭。尽管他是系主任，是他们那一代人中的学术权威，但面对我这个刚入职的学生辈，他没有那种居高临下的感觉，特别温和，总是有说有笑的。我的课结束就先转战他乡了，后来回校后苗老师跟我说："桂荣，你离开方城后我又去吃饭，人家那个小饭店的老板说，'你闺女呢，你闺女咋没有跟你一起来啊！'人家把咱俩认成父女俩了。"我就开玩笑说："苗老师，你不说我还没注意呢，咱俩真的有点父女像，都是高高、瘦瘦、黑黑的，人家一个方面可能是看氛围，另一个方面可能是看长相！"我是后来才认识苗老师女儿的,我跟她开玩笑说:"你跟你爸长得不很像,还没有我跟你爸长得像呢!"通过这个故事,你们可以真切感受到苗老师那种亲和力,那种平易近人的魅力!

苗老师的爱人申老师也是我们学院的老师,当时在资料室工作,是跟苗老师一块儿来的。申老师对我们也都很亲,她没有太高深的学问,但苗老师对申老师却特别好。前两年,我在学校21号家属院还碰到过老两口一起散步,申老师行走不是很利索了,与其说申老师陪苗老师散步,不如说是苗老师牵着申老师的手每天出来活动活动,这种亲情让我忽然觉得,一个人能够过好日常生活,才是真正的高尚。

总之,我认为苗老师身上的可贵品质也是我们河南大学很多老师都具备的,苗老师是他们那个时代的一个代表,他身上的优秀品质是我们后辈应该去学习、继承和发扬的。

李桂荣与苗春德

(李桂荣,女,河南禹县人,中共党员,二级教授,博士生导师。河南大学教育系学校教育专业1983级学生。现为河南大学教育学部教师,河南大学教育行动(国际)研究中心主任,兼任教育部"国培计划"专家、中国教育学会教育经济学分会常务理事、河南省教育学会教育学专业委员会副理事长兼秘书长、河南省教育学会生涯发展教育专业委员会副理事长。)

(三) 王恩国:受益终身的教诲

在我的前半生中有很多难以忘怀的经历,而怀揣青春梦想的大学记忆印象最为深刻。我出生在安阳滑县一个偏僻的农村家庭,1986年我考上了大学,全村人为我高兴,当时的大队支部书记为激励村里学生能更多地考上大学,连续为我演了三场电影,轰动了附近好几个村庄。当年我被录取到河南大学教育系学校教育专业,四年的本科经历充实而美好。在美丽的河大校园,处处留下我青春的足迹,不同学科的老师们给予的滋养是我一生用之不竭的宝贵财富。

当时的教育系学校教育专业,课程体系已经比较完备。我清楚地记得,大学4年在专业课方面主要是心理学与教育学。心理学方面,何蔚和凌培炎老师的普通心理学开启了我们对心理学认知的大门。随后,我聆听了魏明霞老师的儿童心理学,张炳炎老师的教育心理学,王丕老师的心理学史,张庆云老师的实验心理学,丁秀峰老师的心理测量学,李新旺老师的生理学,赵国祥老师的管理心理学,从不同视角全面解读了心理学的分支与领域,让我置身于心理学广阔无尽的知识海洋。教育学方面,有王汉澜和戴国明老师的教育学总论,张耀先老师的德育论,程凯老师的教学论,李凤舞老师的学校管理学,苗春德和赵国权老师的中国教育史,李申申老师的外国教育史,扈涛老师的教育统计学,王北生老师的马列论教育,王定华老师的比较教育学,谢励武老师的中小学教材教法,牛梦琪老师的中国古代教育文选,侯宝顺老师的电化教育学,汪基德老师的计算机语言等。我们的辅导员是吕云飞老师。上述课程为我今后的学习和研究打下了坚实的教育理论功底。

在众多优秀的大学老师中,有一位86岁高龄仍耕耘在他所热爱的教育史研究领域的长者,苗春德教授。2021年11月的一天,我去河南大学21号家属院办事,偶遇苗老师,他正在搀扶其老伴申老师散步。见到敬爱的老师,我倍感亲切,让我没想到的是,苗老师随口就叫出了我的名字,并询问我的近况,问寒问暖。我倍感温暖,大学时苗老师给我们上课的情景又一次浮现在眼前。1988年,作为教育系主任的他给我们讲授中国教育史,第一次上课,老师概要讲述了自己的经历,他从小就有当教师的梦想,大学毕业后,于1961年被保送至北京师范大学教育系攻读中国教育史专业研究生学位,师从著名教育史学家毛礼锐教授。苗老师英俊潇洒,举止儒雅,和蔼可亲;他讲课风趣幽默,深入浅出,通俗易懂;他旁征博引,善于启发引导,课堂内容充实,形式活泼生动,带给我们的不仅是教材中的思想,更多的是他对教育史中的事件及人物的思考和见解。从"孟母三迁"到"程门立雪",他把古代教育思想用一个个生动的故事娓娓道来,他的课如春风化雨,润物无声。苗老师让我见识了真正的学者型教师的风范,他以学者的方式和前瞻眼光看待历史问题,我收获的不仅仅是中国教育历史思想的精华,更多的是对当今教育的思考,这也是我今天从事心理学教学与研究的理论基石。

苗老师对我的影响不仅表现在课堂教学中,更多体现在他的人格魅力以及对教育事业的执着与热爱上。先生退休已30年有余,但他研究不辍,坚持给河南大学、陕西师范大学、山西师范大学、西北师范大学的60多位硕士研究生和华东师范大学、北京师范大学的10多位博士研究生评审过毕业论文,主持或参与过很多次校内外研究生的毕业论文答辩工作。他投入大量时间和精力,带领并指导中国教育史、教育学、高等教育、成人教育等专业硕士研究生和中青年教师共同从事中国教育史的研究和书稿编撰工作,先后承担了3项国家重点研究项目。在完成这些成果的同时,退休后发表或出版论著40余篇(部),加上退休前公开发表或出版的50多篇(部)学术论著,苗老师公开发表的论著数量已超100篇(部)。他也是中国宋代教育研究的开拓者和引路人。

尽管随着年龄的增长,苗先生的身体远不如从前,但在我的心目中,他永远是那么年轻,充满活力和激情。人生关键处,幸得恩师教诲;四载师生情,一生永难忘。

(王恩国,男,河南滑县人,中共党员,河南大学教育系学校教育专业1986级学生。现为河南大学二级教授,博士生导师,

王恩国与苗春德

河南省特聘教授,河南大学教育学部认知心理学硕士点牵头导师,河南省心理与行为重点实验室副主任,河南省教育厅学术技术带头人,河南省高等学校哲学社会科学优秀学者。中国心理学会认定的中国心理学家,中国心理学会普通与实验心理学会理事。)

(四)李世平:我与苗春德老师二三事

首先,从教书育人方面讲,无论是苗春德老师给我们上课的时候,还是我参加工作、他当系领导的时候,又或是后来他退休了以后和我们之间的交流，他渊博的知识一直震撼着我。古今很多有成就的教育家思想和主张，他都能讲得很透彻，能做到用古今中外的理论和事迹，启迪同学们的智慧，陶冶同学们的心灵。他既不单纯讲高深的大道理，也不单纯讲故事，而是把二者很好地结合在一块儿，做到学术性和故事性兼而有之，因此很能调动同学们听课的积极性，我觉得这是苗老师讲课的一大特色。

苗老师有一种内在感召力，或者说是亲切感，像春风化雨，循循善诱。刚读大学的时候，校园里的大教授、系主任一般会让新生有畏惧感，但苗老师没有给我这种感觉，他就是一个长者，一个父亲一样亲切的人。他上课时不仅是经师，更是人师。用今天比较时髦的话来讲，他很注意课程思政，他在教学过程中给我们传授古代儒家思想、墨家思想、法家思想、道家思想，讲这些学派及其代表人物的时候，他往往借助这些学派去联系现实，让同学们在为人处世、优秀文化传统继承和发扬等方面有新的认识，大家不知不觉就受到了熏陶。

作为系主任，苗老师那种低调、谦逊，以及对工作的热情和努力，对我影响很大，他的付出、敬业、辛苦，我都看在眼里，牢记在心，并时刻激励着自己不断成长。还有他对学术的执着，现在即使已经80多岁了，他仍然在写文章，在搞研究。

其次，在兼任学院关心下一代工作委员会副主任方面。在关工委做事除了耗费时间、精力外，对苗老师来讲是没有任何报酬的，但他有责任担当意识，乐此不疲，根本不去计较个人得失，工作中只要有需要，他都全力以赴地去完成。记得有一次，我有事脱不了身,就打电话给苗老师,请他帮忙开个会,他二话没说,从河南大学21号家属院出发,搭个公交车就去关工委开会了。开完会后他给我打电话,又专门跑到院里和我交流,用他的话讲,就是"汇报工作"。他的敬业精神使我深受感动。当时我任关工委主任,因为学校要求书记必须担任主任,所以苗老师只能担任副主任,其实对我来说,从事这方面工作肯定没有苗老师有经验,所以很多东西我都向他请教,但他经常说:"咦,你是我领导勒!"当时他虽然给我开这个玩笑,但确实很尊重我的意见,更重要的是他在很多场合当着师生的面说:"世平是我领导,工作我听他安排。同时,世平又是我的学生,必要时我会给他提些工作思路方面的建议。"所以,无论从工作配合方面来讲,还是从私人情感上来讲,他都能够让我这个学生感觉,苗老师既尊重我,同时又把我当成亲学生,不是指手画脚地告诉我必须怎么做。因此经过苗老师的传帮带,加上师生之间的密切配合,教育科学学院关工委工作一直做得十分出色。

担任关工委副主任期间,他还有一个重要的事情,就是经常为学院师生作报告,介绍自身经验。苗老师一讲就是两个半小时左右,到后来苗老师年龄更大了,我不敢让他讲太长时间,就想控制在一个半小时,但他总是超时,实际上都讲到两个小时,而且讲得特别精彩。如讲到了"人的和谐",当时正是中国共产党第十六次全国代表大会期间,胡锦涛总书记提出构建社会主义和谐社会,树立科学发展观,苗老师就结合中国传统文化,把"和""谐"两个字分别分析,然后再分析什么是"和谐",儒家的和谐观是什么,最后他讲到了人与人、人与社会、人与自然之间的和谐关系。他的报告以及对待报告的认真态度对我触动很大,所以现在我仍给学生讲苗老师报告的内容以及他对待报告的态度,希望同学们能传承下去。

在日常生活中,我们的交往也比较密切。我上学时虽然是学生干部,对领导、老师都很熟悉,但因为那时候我还属于内向的学生,对领导还是比较敬畏的,但苗老师却让我感觉很亲。记得有一次,我路过图书馆,突然看见了苗老师,虽然很想打招呼,总感觉不好意思,所以我就想绕一下过去算了,结果没想到被他喊住了。他看见我就说:"世平,干吗呀?为啥不理我呀?"我们聊了一会,我当时很不好意思,也很惭愧。那一次师生之间的交流对我影响很大,他等于是在给我做榜样:他没有因为自己是老师,是领导,学生不理我我也不理你;苗老师善解人意,他不会认为我不理他,他只会认为我不敢理他或者不好意思理他。所以,现在只要是我认识的学生,教过课的学生,他们看不见我,我都要主动打招呼,实际上这都是跟苗老师学的。至于说他那种低调,其中包含的不仅仅是关爱,也是利用这样的机会去教育学生,教给他们一些为人处世的礼节。

无论是7年的学生时光,还是留院里参加工作以后,从工作、为人处事、个人情感等方面,苗老师都会很真诚地介绍一些别人成功的经验或者错误的教训,让我去借鉴,或引以为戒。有时候他也会拍我肩膀说:"世平啊,有啥困难没有啊,或者有啥闷儿,给我说说。"他经常告诫我说,你很年轻,一定要好好考研究生,不断追求进步;谈恋爱,有合适的该谈要谈;工作不能耽误,学习不能耽误……这些细节和瞬间,让我至今回忆起来仍倍感温暖。

　　苗老师的奉献精神对身边的人产生了很大的影响。苗老师80多岁了还在写文章,我们年轻人能没有触动吗?80多岁的老教授、全国知名专家,他都那么低调、那么谦虚,不去计较个人得失地奉献自己,难道不值得正在成长过程中的青年学生以及年轻教师好好学习吗?

李世平与苗春德

　　(李世平,男,河南新蔡人,中共党员,副教授,硕士生导师。1990年进入河南大学教育系社会教育专业学习。为本科生主讲德育原理、大学生职业生涯规划、班主任工作艺术等课程。现任河南大学经济学院党委副书记。)

(五) 李志刚：好老师如亲人

好老师如亲人,我读大学本科时的授业老师苗春德先生就是这样一位老师。我认识苗老师至今已有二十余年,每次见到苗老师,我总是倍感亲切,仿佛一股暖流温暖着我,使我在他乡感受到亲人般的关怀。

在我读本科的时候,苗老师教我们中国教育史这门课。他阅历丰富、学识渊博,教我们的时候已是花甲之年,声音浑厚,蕴含着一种特有的慈悲。在大学里,有这样一位老教授来教我们,而且讲授的是专业的入门课,对于初入大学的莘莘学子来说,是很愿意与老师亲近的,自然也很容易感觉到专业学习的乐趣,感受到大学之为大学的魅力。

那个时候,每个专业的学生人数还不多,学习与生活的环境与现在有很大不同,师生之间常有教学对话,交往颇多,关系十分密切。苗老师每次上课都有一种仪式感,上课前同学们要起立问声老师好,而比我们父母还要年长的苗老师也给予同学们同样的问候。苗老师讲课思路十分清晰,总能用翔实的史料说服人,用真实的故事吸引人,同学们都很喜欢听他的课,每次上课犹如在享受一顿美餐。至今,他在明伦校区图书馆四楼教室娓娓道来的讲课情景仍历历在目,这应该是我大学学习生活中十分宝贵的记忆吧。可以说,中国教育史是我大学中最喜欢的一门专业课,现在回想起来,在硕士阶段没有在教育史学科领域进一步学习是自己的一大遗憾,好在如今我又进入到这一领域,本科时学习这门课的情形正在不断忆起,成为我在学术上继续进步的兴趣来源和动力。

在大学本科和硕士阶段连续学习7年之后,我有幸留校工作,与苗老师的交往更多了。在刚留校的几年间,我在学院办公室工作,因为工作需要,我时不时地与苗老师联系着,有时候还去苗老师家拜访他。每次到苗老师家的时候,苗老师和他爱人申老师像对待孩子一样,他们拉着我的手,让我坐在他们身边,给我点心、水果吃,先问一问我个人的生活与工作情况,然后再说工作上具体的事情。我被这样的氛围所感染,每次从他家里出来,总有一种如沐春风的感觉,于是我也总在内心里对自己说,以后要经常性地去看望老师,不为别的,只为老师对我如亲人般的关怀与勉励。惭愧的是,作为学生的我对老师的关心还不够,而苗老师像普天下父母对待子女一样,从不因为学生没有去看望他而有所疏远。在校园里,只要遇见苗老师,他总是要停下脚步和我絮叨几句:工作怎么样,生活怎么样,家里怎么样……最最普通的几句话,足以让人感动。我结婚的时候,专门到苗老师家里拜访,邀请他参加婚宴,他欣然应允;席间我与爱人向他敬酒,他的简短的祝福话语,爽朗的笑声,让我们感受到浓浓的关爱。试问在学校里,还有哪些情形能够像此景此情般,更好地诠释亲人般的师生情感呢?

苗老师等老一辈教师对待学生的热情、无私和仁爱之心时刻影响着我。我在工作中,愿意多花费一点时间和精力为学生多做点事情，是因为我常常想，每个学生无论其家庭条件和学习程度怎么样，他们都是正在成长中的孩子，老师在其学习、生活、交往等方面多指点些，也许一句平常话、一件小事情，就可以帮助学生发展得更好一些。这其实就是教育的意义所在。

苗老师在学问研究上一直坚持不懈，笔耕不辍。他六十余岁被学院返聘，讲授中国教育史课程，他讲课的内容因为史料很多，往往带有一定研究性，只可惜那时的我们对历史、对专业、对知识都是懵懵懂懂的，只知道记忆就行，应对考试就行，没有钻研学问的自觉意识。我记得苗老师在讲授完古代教育史课程以后，给我们总结了教育史学习的几点重要内容，诸如教育发展的重要特点、分析教育史的思维与方法等，现在看来，这几点正是需要我们在此后的大学学习生活中深刻领会和不断理解的，因为大学生不仅要学习知识，更要学会钻研学问。

苗老师十分关注家乡教育，关注河南教育的历史研究。他退休以后，在前期积累的基础上申报并获批了一项国家级科研项目"20世纪初'乡村教育'思潮运动的再认识"，在我平时向苗老师请教的时候，他多次提及这一课题立项前后的历程。他组织队伍并付出很大心血开展了该课题的研究，几年之后，项目研究的成果《中国近代乡村教育史》专著顺利出版。受其影响，我对乡村教育也开始产生了兴趣。

2015年国庆节期间，我到苗老师家向他请教社会教育史研究问题，他系统给我指点了相关问题，并提出要多关注教育史上国家层面的社会教化、社会基层开展的教育以及社会中的人性教育等问题,这些提示对我有很大启发。近几年来,结合教育公平、乡村振兴发展、和谐社会建设等背景,我逐渐认识到,乡村教育要高质量发展,既要很好地借鉴历史,又要有适合乡村实际的、专门的乡村教育学理论的指导,更要在实践中构建中国特色的乡村教育体系。现在,我更加关注乡村社会教育发展这一领域了。

2018年元月,我又一次拜访苗老师,他把出版的著作《苗春德文集》赠予我,并写下"志刚同志雅正"几个字。我是苗老师的学生,他写此赠言时完全可以称呼我为"学生",但是他有意改变了这个称呼。我想,一个称呼的变化反映出苗老师对我寄予的厚望,像苗老师一样的前辈教师们,往往在期待着后辈不断前行,获得更好的发展。

2021年10月,教育学部在教育科学学院基础上刚刚成立,就深入开展了"师德师风建设年"活动,邀请德高望重的苗老师为学部全体老师做一场师德报告。苗老师虽然年事已高,仍为这场报告做了精心准备,他把主题定为"跟着老教师学习教书育人"可谓恰如其分,报告内容丰富、语言幽默、道理朴实。听着报告,我仿佛又回到了20年前苗老师为我们授课的场景。从这场报告中,更多的年轻老师在现场学习到了以苗老师为代表的前辈们呕心沥血为教育的奋斗精神和敬业精神,深切领悟到了老教师们默默无闻传帮带的教育发展思想。由于好久没见到苗老师,报告结束以后,我快步走向他,想和他说说话。他一下子就看到了我,还没等我开口,他就握着我的手连声说:"好久没见你了,最近咋样?"此时感激之情再次油然而生——苗老师还是这样挂念着我这个学生!考虑到苗老师刚才进行了较长时间的报告,我和同事专门送苗老师返回家里。我们实在不忍心过多打扰他,准备离开,想让苗老师多休息。但是,苗老师和申老师又和往常一样很热情地留我们坐了一会儿,他除了简单问询我的生活与工作事情外,又接着刚才在学部做报告的话题,结合教育史,向我们讲起了当前教育存在的问题,诸如教师培养、问题学生的教育、当代社会的终身教育等,其资料来源之新、问题剖析之深刻令人佩服。

苗老师既是一位普通的大学老师,又是如同徐特立先生那样的,对自己学而不厌,对学生诲人不倦的教育家。

(李志刚,男,中共党员,河南大学教育学部副教授,为本科生讲授社会教育学、学校教育发展、教育学、教育哲学等课程。主要研究领域为社会教育与成人教育、教育史等。主持或参与国家级、省部级、厅级等各级课题数项,出版专著2部,分别获河南省社会科学优秀成果奖三等奖、河南省高等学校优秀党务工作者等奖项和荣誉称号。)

第四章　学术历程与学术贡献

一、历经坎坷，矢志不渝

"文化大革命"前的研究生数量很少，因此，研究生毕业后往往供不应求。1964年暑假，正当苗春德兴高采烈地迎接毕业分配，渴望在教育史园地里一展抱负之际，突然传来"不宜马上离校""停止毕业分配"的消息。这个消息犹如一声闷雷，一下子把春风得意的苗春德给震慑了。就这样，他和研究生班的同学们于1964年冬天在河北大兴县（现今的北京市大兴区）参加了3个月的"四清"后，又去河北衡水、冀县（今衡水市冀州区）农村搞"四清"。1965年6月底返校后，国内形势骤变，"山雨欲来风满楼"，中国教育史研究生班毕业分配遭遇"雾霾"就成为势之必然。本来1964年暑假毕业时，大部分同学都已找到工作，用人单位还都不错，不料推迟一年毕业后，形势急转直下，原先预约的用人单位纷纷退人撤约，一时间，研究生班的学生便由"紧俏商品"变成"滞销产品"，由"抢手货"变成"处理品"。尽管如此，最后仍没能"处理"完，还剩5人"储存"在母校参加"文革"，直到1968年才随本科毕业生"搭配"出去，实际上相当于按本科毕业生分配了。

在人才匮乏的20世纪五六十年代,中国教育史研究生班为什么会有如此际遇呢?苗春德当时是十分委屈和不解的。当年北京师范大学招收研究生的系或专业很多,和中国教育史研究生同在研究生食堂用餐的就有中文系、历史系、地理系、生物系、物理系的研究生;就教育系而言,比中国教育史研究生班早一年的有心理学研究生班,晚一年的有3个教育学的研究生班,他们都是学习了2年或3年毕业后就分配工作了,唯独中国教育史研究生班的学生"享受"了这种推迟毕业分配的待遇。对于中国教育史研究生班的学生来说,这种现实是残酷和不公平的,这使他们不能按时走上合适的工作岗位,发挥聪明才智,回报国家和社会。因此,他们的内心极度沮丧和焦虑,无比落寞,苗春德也不例外。

对苗春德来说,研究生班是一个永远值得忆起的群体,它的遭际与当代中国社会的曲折命运紧密相连。但在"文化大革命"中,研究生班的同学们身处逆境、面对蹉跎岁月却不甘沉沦,而是把希望的种子深藏在心底,一旦春天到来,就会冲破厚土重压,生根发芽。研究生班的同学不断地寻觅、调整、疏通和奋起,最终用母校给予的知识、智慧和技能,在自己的工作岗位上做出贡献。事实和实践证明,研究生班不是"黑班",更不是"修正主义苗子",他们中除2人定居国外,1人在"文化大革命"中因公牺牲外,其余13人很快就成为各所在单位的业务骨干:王炳照曾任北京师范大学教育与心理科学学院院长、博士生导师,国务院学位委员会委员;蔡振生先任中英合资大世界出版有限公总编辑,后到中国驻外使馆工作;雷克啸曾任国家教委农村教育综合改革办公室副主任;邱瑾曾任人民教育出版社教育编辑室主任;宋元强曾任《中国社会科学》杂志社总编室主任;陈德安曾任山西师范大学教科所所长、硕士生导师;沈茂骏曾任华南师范大学历史系主任;杨立俊曾任阜阳师范学院教务处处长;韩义裕曾任山西临汾地区教委主任。所有的同学都有专著或文章问世,有的还是教育史学界的佼佼者。王炳照与阎国华教授任总主编的《中国教育制度通史》(8卷本)和《中国书院史》等大部头著作,开启了中国教育史研究的新纪元,在教育史学界有重大影响;杨焕英的《孔子思想在国外的传播与影响》第一次全面而系统地介绍了国外研究孔子思想的基本情况;苗春德主编的《宋代教育》是一部体例新颖、醒目、便览的断代教育史;陈德安主编的《道家道教教育研究》填补了中国教育史研究的空白;何晓夏的《中国学前教育史》解决了学前教育专业教学的急需;雷克啸的《实践与探索》是其多年来结合工作撰写的论文、调查报告、通讯、讲话稿的结晶;宋元强的《清代状元》从一个侧面介绍了清代的教育状况,等等。他们绝大部分都入了党,成为优秀党员,有好几位同学成了国家有突出贡献的专家,享受政府特殊津贴,有的被所在省市命名为优秀专家。所有这些,从某种意义上讲,都是中国教育史研究生班思想素质和业务素质的展示和延伸。

斗转星移,时光如流,如今北京师范大学首届中国教育史研究生班的同学们已经毕业50多年了,在当年毕业的16位研究生中、肖功尝、王炳照、杨立俊、邹君孟先后离世，在剩下的12人中，除1人在国外定居情况不明外，在国内工作和生活的11人都已是80岁左右的老人了。经历了半个多世纪雨雪风霜的洗礼和社会实践的检验，现在再来回望和评价这个饱受争议和磨炼的专业人才集体和团队，其中的功与过、是与非、褒与贬早已洞然若揭，无须再做任何解释和说明了。

当然，毕业后的经历和磨炼也使苗春德增长了识见和智慧：其一，人生之路不可能一直霞光满天，平坦顺风，有时候也可能会遇到阴霾雷电、沟沟坎坎。顺境时一定要抓住机会，尽快彰显自己的才华和能力，让社会认可，以实现自己的人生价值；遇到不顺或逆境时，要善于与世道或人周旋，及时调整自己的心态和情绪。其二，人生的兴趣爱好或奋斗目标不应该是单一的，应该而且必须规划或设计两个或两个以上。当一个人最重要的兴趣或目标没条件实现或已经实现时，就立即为第二个或第三个目标而奋斗，千万不能一条道走到黑，人生的目标不能只固定在一种职业或事业上，这些都是先贤前辈教给苗春德的生存、发展的人生本领或人生哲学。

20世纪60年代初，导师瞿菊农教授在一次讲课中透露：他40岁时曾发表过40(部)篇学术论著。这句话瞿先生仅仅是一带而过，却对苗春德产生了强烈震撼，终生难忘。于是，像瞿先生一样去从事学术研究，就成了苗春德一生的志向。但世事难料，十多年学业荒废，碌碌无为的状态令他至今仍耿耿于怀。党的十一届三中全会后，全国各条战线的工作步入正常轨道，苗春德也趁改革春风重拾专业,走上讲坛,开始了自己心仪已久的中国教育史的教学和研究生涯。他思量:一个合格的高校教师,不仅必须教书育人,而且也必须进行学术研究,这是高校工作性质决定的,于是他决心做一名合格的高校教师,力争做到教学、科研两不误。

20世纪70年代末、80年代初著文发文很不容易,而查找资料就是第一件不容易的事。当时,为了给中国留学生正名,苗春德想写一篇关于留学生方面的文章,而容闳的《西学东渐记》无疑是这方面的重要文献资料之一,而偌大一个开封师范学院(现今的河南大学)图书馆,竟只有一本残缺不全的《西学东渐记》,它没有前后书皮,用旧牛皮纸代替,书中的最后一章也不翼而飞。在一个炎热的暑期,苗春德借到该书后,还不能带出图书馆,只能在珍本、善本阅览室浏览;为了能够读完全文本,只好委托老同学从成都市图书馆给抄、寄来最后一章,这就是他撰写《中国首次留美学生的派遣与斗争》一文背后的趣事。著文如此,发文更是困难重重。苗春德写《试谈教育与政治的关系》一文,文稿写好后,先在河南省教育学年会上宣读,会后,会议组织者选出几篇上报省教育厅备案。当时省厅一位领导看后,将苗春德的文章剔除不要,说"拿不准";苗春德又将文稿就近送往一家刊物,该刊主编看后,也不敢发,把文章压了下来;没有办法,他又将文章寄往母校的《北京师范大学学报》。那时,各大学学报都在《光明日报》上刊登发文目录,当他在《光明日报》上看到《北京师范大学学报》目录中有自己这篇文章时,心里的一块石头终于落了地。后来，河南省教育学会的领导和那家刊物主编都问他："发文有什么背景吗?"苗春德苦笑着说："背景就是十一届三中全会公报。"这篇文章的遭遇，说明那时不少人仍然心有余悸，对政治讳莫如深，不敢或不愿涉及，其实那篇文章的内容，现在看起来并没有什么过头的言论。

40多年来，苗春德的学术研究领域主要聚焦在宋代教育史、中国近代乡村教育史和中原(河南)教育史3个方面；在完成国家三项重大课题的过程中，他还围绕课题，"挤"时间写出并发表了40多篇随笔、札记、心得及文章，加上退休前的50多篇文章，总共有百余篇文章问世，实现并超过了归队时自己的期待和承诺，这令他十分欣慰。2017年，在河南大学教育科学学院党政领导的关怀和鼓励下，他又从这100多篇文章中筛选出54篇，出版了42万多字的《苗春德文集》。

二、开拓宋代教育研究新领域

兴趣爱好是研究工作不竭的动力。1972年7月，苗春德调到开封师范学院工作。开封是文化历史名城，有"八朝古都"之称，特别是北宋时期的开封盛极一时，是12世纪初首屈一指的国际大都市。开封人杰地灵，是我国宋史研究重要基地之一，在这里学习和研究宋代教育史，可以说是得天独厚，于是苗春德就把自己的研究重点放在宋代教育史上。他曾动情地说："宋代教育史是我到开封工作就考虑过的，到了教育系以后，我想，我到这是搞中国教育史的，中国教育史这么长，从原始社会到现在这几千年来，你不能每个问题都研究，在有限的人生中到底想搞个啥？搞学问也得结合实际，是吧？那么，开封是北宋的首都，这个地方人杰地灵；全国的宋史研究中心之一就是开封；宋史研究也是学校历史系的研究重点，而开封市民间研究宋史的人也不少；在开封工作，如果对宋代的东西不了解，那也说不过去了。所以，当时我在系里就提出来，非常有必要研究宋代教育。我一提，大家都非常愿意。虽然宋代教育在中国、在世界上都是人们感兴趣的一个研究课题，并且成果不少，但当时我们开始研究宋代教育的时候，还没有一本宋代教育史方面的专著，因此当时河南大学也好，河南省社科院也好，他们都很重视，很快就批准了申请项目，也给了研究资金。当时我主持，研究室的赵国权、牛梦琪、刘锡辰3位老师都参与了这个项目。宋代官学部分由刘锡辰老师撰写；宋代的私塾和书院部分由赵国权老师撰写；宋代的女子教育、家庭教育由牛梦琪老师负责，其他部分有我本人承担。大家分工合作、撰写出来以后交给我整体把关。到1992年这本《宋代教育》就出版了，该书填补了宋代教育史研究的空白。我的恩师毛礼锐先生给这部书写了序，老先生当时已经86岁了，对这本书给予了很高的评价，觉得这本书是一部上乘之作。"

那时候，苗春德读书、买书都围绕着宋代进行。例如，为了了解北宋和开封，他翻阅了《东京梦华录》《宋史纪事本末》《宋元学案》等；尽管当时工资只有59元，他节衣缩食，买来一套《宋史》及部分宋人文集等，一方面为了充实自己，另一方面则为日后的研究作前期准备。平时读书时，他总是把自己认为有用的资料顺手抄下来，记上书名、作者、卷数和篇名，时间长了，积累的资料多了，再经过组织、综合、分析、研究，连缀成篇，写成小札记、小文章。因此，《苗春德文集》中的《北宋的两次社会改革与人才》《宋代的学术群体及其形成原因》《试论王安石的人才思想》《程颢程颐的教育思想和教育实践》等文章，就是这样产生的。在此基础上，1992年苗春德出版了《宋代教育》一书。21世纪伊始，浙江省杭州市社会科学院决定全面研究南宋史，他们从有关研究资料和信息中发现，河南大学教育科学学院有研究宋代教育的专家，2008年10月他的《南宋教育史》又出版问世了。于是，他们再三邀请以苗春德为核心的河南大学研究团队参与南宋史研究丛书的编写工作。这是北宋教育研究的延伸和拓展。《宋代教育》和《南宋教育史》两部著作集中反映了苗春德在宋代教育研究领域的不俗成就。

（一）《宋代教育》

1.《宋代教育》所依据的时代背景

关于编纂所依据的时代背景，一般认为宋代是中国封建社会走下坡路的开端，是"积贫积弱"的时期，这种看法虽不无道理，但在苗春德看来，并不全面。事实上，宋代社会在各方面均有较大发展，是在盛唐之后中国封建社会发展的又一个高峰期。被世人交口称颂、中国人民引以为豪的活字印刷、火药、指南针三大发明，都出现在宋代不是偶然的，它标志着农、工、商和科技、文化、教育的巨大发展和显著成就。

就教育而言,宋代是中国古代教育的一个高峰,在中国古代教育发展史上具有独特地位。

第一,为了巩固统一、维护社会安定、发展生产和繁荣经济,宋代在文教政策上作了适时的调整,"兴文教,抑武事"贯彻始终,兴学设教成为国家的战略重心之一。

第二,为了加强中央集权,扩大统治基础,采取了抑制豪门、鼓励庶族的方针;在教育制度上,淡化了等级性,呈现出庶民化的倾向,促进了教育的普及,特别是推动了基础教育的发展。

第三,改革和完善了科举制度,调动了读书士子的积极性。特别是在调整人才培养与人才选拔的关系上作了反复的探索,在健全考试法规、改革考试内容、改进考试方法上做了大量有益的尝试,积累了丰富经验。

第四,宋代的办学形式有许多新特点,特别是书院制度的创立和发展为中国古代教育增添了新的光彩,它和官学、私学三足鼎立,成为一种对后世影响深远的新型教育组织形式,为中国古代教育注入新的活力,也成为中国古代知识分子的精神家园,因此书院制度被誉为中国古代"教育史上的明珠"。

第五,宋代的教育思想异常活跃和丰富。宋代理学盛行,学派林立,特色纷呈,对教育问题的探究大为深化,富有哲理性和思辨性的论题发人深省。有人说,宋代教育思想是继春秋战国"诸子蜂起、百家争鸣"后的第二次论辩高潮,恐怕是言之有据的,胡、周、张、程、朱、陆等理学大家为我们留下了丰富的教育思想遗产。

总之,苗春德仔细研究后认为,宋代教育有许多新特色,宋代教育史研究有丰富的内容,大有全力开垦和耕耘的必要和可能。

2.《宋代教育》的成书历程

宋代是中国封建社会发展的重要阶段。在它之前,中国封建社会已有千余年的历史,在它之后,中国封建社会又绵延了600年左右;它上承秦汉、魏晋南北朝、隋唐五代,下启元、明、清,是中国封建社会发展链条中的重要环节。宋代的政治、经济、科技、军事和文教等各个领域,在中国封建社会的发展过程中都占有重要地位,因此,宋史研究一直是国内外史学工作者研究的热点之一,在《宋代教育》问世之前,已经出现一批宋史研究的专门著作和成果。

但是,在宋史研究的累累成果中,当时还没有一本专门研究宋代教育的著作,这未免是一种不足。于是,在第七个"五年计划"开始的时候,地处宋都开封的河南大学教育系教育史教研室的同志们在苗春德的带领下,酝酿自己动手编写一部宋代教育史。这一设想很快得到了河南大学、河南省教委和河南省社会科学院有关领导的重视和支持,于是由苗春德牵头,把研究课题列为河南省"七五"社会科学研究项目,又拨了研究专款,很快就促成了这一研究课题的上马。此后,教育史教研室的同志们共同研究了编写的指导思想、目的要求、章节设置、内容取舍等问题,并做了初步分工,各部分的编写人员为:前言为苗春德;

第一编为苗春德、马平；第二编为马平；第三编为赵国权、牛梦琪、刘锡辰；第四编为赵国权、牛梦琪、刘锡辰；第五编为苗春德；第六编为赵国权、刘锡辰、苗春德、杜继熙、牛梦琪、吕云飞。该书的编写大纲、初稿审阅、最后定稿均由苗春德负责，申淑琴参与了资料搜集和部分誊写工作。从1987年开始到1990年底，4年中多次讨论磋商，几经修改，编写成员也有所调整，著作最终于1992年正式出版。

在编写《宋代教育》的过程中，苗春德得到其恩师、著名教育史专家、博士生导师、北京师范大学毛礼锐教授，同窗挚友、博士生导师、北京师范大学王炳照教授以及中央教育科学研究所韩达同志的热情鼓励和诱掖。著作完稿之后，86岁高龄的毛先生还为之欣然作序，序中提道："这部宋代教育史专著不仅卷帙弘富、立论妥当、史料翔实，而且体例求新，醒目便览，堪称上乘之作。"这一评价可谓切中肯綮，并使著作倍增光彩。著作出版之时，河南大学出版社原社长赵帆声、时任社长宋应离以及河南大学教育系名誉主任王汉澜都给予热情指导和鼓励，河南大学出版社的史锡平、王进国等同志认真阅读了书稿，提出了很多中肯建议。

3. 对编纂《宋代教育》这种断代教育史的认识

什么是教育史？如何编写教育史？这是编写《宋代教育》首先必须明确的问题。顾名思义，教育史就是教育发生、发展和变化的历史，是前人从事教育活动的纪录和总结。它有自己的学科特点和内涵，不能把教育史写成"政治加教育""经济加教育"或"哲学加教育",否则,教育史就成了大杂烩,失去其学科特点和风貌。教育史的编写也不能就教育论教育,而不涉及当时的政治、经济、哲学、文化等等,孤零零地谈教育,教育的规律和问题难以讲清说透,也不可能寻根究源。因此,苗春德在编写宋代教育的过程中,始终把教育问题放在时代背景中加以阐述。事实上,任何教育制度及其实施、教育思想理论都是时代的产物,都与当时社会的政治、经济、科学技术、文化的发展有着千丝万缕的联系,这是辩证唯物主义与历史唯物主义的基本原理。与这个问题有关的是,什么是断代教育史,如何编写断代教育史?苗春德的理解是,断代教育史是一个社会发展阶段或一个王朝教育发生和变化的过程及其规律。由于教育发生和变化的过程是复杂的,在这个过程中对若干问题的认识和解决,如一项教育制度或措施的确立,一种教育思想理论的产生和形成等,往往是在前人的基础上演变而来的,而某项制度或思想一旦形成和实施,又常常对后人产生影响。因此,在编写断代教育史时不能简单地斩头去尾,只孤零零地写一个阶段或一个王朝的教育。苗春德编纂《宋代教育》时,为了讲清来龙去脉,有时不能不向上追溯,有时又不得不向下延伸。当然,这种上挂下联是以点到为度,一般不作更多的阐发。

4. 编写《宋代教育》的指导思想

在《宋代教育》的编写过程中,苗春德始终将马克思、恩格斯的辩证唯物主义和历史唯物主义作为指导思想。但如何具体运用和体现这一指导思想,这就需要认真琢磨和刻苦学习。苗春德注意从以下三个方面入手：一是坚持时代性和阶级性。宋代是我国封建社会继续发展并转而走下坡路的开始，课题组在阐述宋代教育的产生、发展和变化时，自始至终把宋代教育置于当时复杂的阶级矛盾和民族矛盾之中，力求对宋代教育作出符合时代、阶级特征的分析与考察。二是坚持两分法，去其糟粕，取其精华。宋代教育遗产中，既有糟粕又有精华，对此，课题组在编写过程中，既不妄自菲薄、全盘否定，也不抱残守缺，而是实事求是地进行批判继承。针对当时国外敌对势力和国内搞资产阶级自由化的所谓"精英"们妄图通过散布历史虚无主义和民族虚无主义的手法瓦解我们的民族精神，以达到他们"和平演变"的险恶目的，苗春德旗帜鲜明地予以反对。三是注意继承性和借鉴性。不能为研究教育史而研究教育史，而是把研究教育史同建设有中国特色、适合中国国情的社会主义教育实践结合起来。马克思主义认为，现实是历史的发展，历史是现实的基础，人们要想了解现实，把握现实，预见未来，开拓未来，就必须深入研究历史，这是了解国情的重要渠道和途径。教育也是这样，要建设具有中国特色的社会主义教育，不但需要了解中国的现实教育，还需要研究和了解包括宋代教育在内的中国过去的教育。正如毛泽东所指出的那样，我们决不应割断历史，"不但要懂得中国的今天，还要懂得中国的昨天和前天"。这样，我们就能廓清教育发展的脉络，揭示宋代教育在中国教育发展史上的地位、作用和特点，总结其成功的经验和失败的教训，鉴往而知来，更好地为教育现代化服务。同时，马克思主义还认为，某些教育遗产具有相对的独立性，它不是某个阶级所独有，而是经过不同阶级世世代代共同创造和积累的成果，因而它不是只为某一个阶级服务，而是可以为不同的社会形态服务的。

就宋代教育而言，它的"先忧后乐"的治国抱负；为抗金救国服务的教育思想；修养品德、安定社会的教育主张；进行教育改革，提高人口素质的教育措施；砥砺品学、上下求索的进取精神；结合实际，学习外来文化的经验等等，至今依然闪耀着智慧之光，一旦被赋予新意，便可成为社会主义精神文明的组成部分。那种把历史遗产都贴上阶级标签的做法，不是马克思主义实事求是的方法。

5.《宋代教育》的编写宗旨与目的

编写宋代教育史，旨在弘扬祖国优秀文化，振奋民族精神，启迪民族智慧，增强民族自尊心和自豪感，其实质就是进行历史唯物主义和爱国主义教育。众所周知，党的十一届三中全会以来，我国各条战线都取得了举世瞩目的巨大成就，但也有失误，诚如邓小平同志所指出，十年来最大的失误是忽视了思想教育，这里也包含着忽视中华优秀传统文化、爱国主义教育等。随着改革开放大潮的冲击，"欧风东渐"，在思想理论界引起了振荡，再加上搞"全盘西化"的所谓"精英"们的摇唇鼓舌，否定祖国传统优秀文化，数典忘祖，大搞民族虚无主义，因而在部分涉世未深的青年人中造成了思想混乱。这固然有多方面的原因，但也反映出弘扬民族优秀文化和爱国主义教育的迫切性。因此，我们必须大力发掘和弘扬包括教育遗产在内的民族优秀文化，保卫、建设和发展我们的国家。

6.《宋代教育》的结构和内容

《宋代教育》分为六编：政策编、铨选编、学校编、管理编、学术编和人物编。第一编着重介绍宋代的文教政策，因为文教政策集中体现了统治阶级对文化教育的要求。换句话说，这是从宏观的角度探讨影响宋代教育的诸因素，即把宋代教育放到当时的经济、政治、科技、文化等环境中加以考察，这样才能把握宋代教育发展变化的态势。第二编是从中观的角度考察了宋代选拔和使用人材的制度，因为这是宋代学校教育的指挥棒，它直接影响着教育目的、教育内容、教育方法以及学风、社会风气等。第三、四编是从微观的角度介绍和考察了宋代各级、各类学校状况及各项管理制度与措施。第五编着重介绍了宋代学术发展的概况和流派，因为它对宋代教育思想和理论的形成起着重要作用。第六编介绍了宋代13位教育家的教育思想和教育理论。该书虽然是按6个大专题编写的，但在阐述时尽量照顾到历史的顺序；6个专题都各自成篇，撰写时既有某个问题的全貌勾勒，又突出各专题的主要问题；表述时尽量做到文字简练、清晰易懂。

1992年7月在河南大学出版社出版的《宋代教育》，既是苗春德本人的第一部学术专著，又是宋史研究中第一部宋代教育史。北京师范大学博士生导师、中国教育史学界泰斗毛礼锐教授评价说："……主持这项工作的春德同志60年代曾就读于中国教育史研究班，是我的学生。他在校时勤奋刻苦，功底颇厚；

毕业后,兢兢业业,术业大进。对于他和他的同事们取得的成就,我倍感欣喜。"河南省社会科学院历史研究所所长程有为研究员说:"该书内容丰富,对宋代教育政策、学校状况、教育管理、科举考试、教育理论、教学思想等,都予以详尽的阐述,在编写体例上有所创新,将每一方面的问题各自成编,使读者收一目了然之效。"该书多次获得大奖,更令人欣慰的是,20多年后的2014年普通高校招生全国统一考试(重庆卷)之文科综合(历史)第14题阅读材料一就用到了该书的内容:

> 宋神宗时期整顿太学,创立三舍法,即将太学分为上、内、外三舍,学生入学后先编入外舍学习,定期试其行艺,优者依次升入内舍及上舍。外舍生每年升舍考试,考试合格,尚不能直接升舍,还要参考平时的操行及学业成绩,凡列入一、二等者,才能升入内舍学习。内舍进行升舍考试,若成绩达到优平二等,再参考平时成绩及操行,才能升入上舍学习。上舍生学习两年,期满进行毕业考试,由政府派员主考,学官不得参与。成绩评定分为上、中、下三等,"上等以官,中等免礼部试,下等免解试"。后来,武学、算学及地方官学等,大都仿照太学三舍法,考试、升补,悉如太学。
>
> ——摘编自苗春德《宋代教育》
>
> 根据材料一,归纳三舍法在考试制度方面的主要特点。(6分)分析三舍法对宋代学校教育的影响。(4分)

诚如一位学者在高考结束后所评价的,"能被千淘万选的高考试卷选中,无疑是对一个学者学术成就的高度认可"。

《宋代教育》出版后,受到国内外学者的高度关注,第一次出版的 3000 册很快售罄,后来又再版发行 3000 册,同样被抢购一空。一本纯学术著作能有 6000 册的销售量,这是不常见的,充分说明了《宋代教育》的学术质量以及在国内外产生的重要影响。

(二)《南宋教育史》:宋代教育研究领域又一力作

1.《南宋教育史》的研究历程

南宋历史是一块丰硕而完整的文化瑰宝,杭州是南宋的国都,研究南宋历史得天独厚,责无旁贷。鉴于此,浙江省和杭州市的领导以及有关方面的专家、学者,矢志在"十一五"期间编纂一部规模宏大的《南宋史研究丛书》,以展现南宋社会的规模和各领域所取得的辉煌成就。但苗春德承担《南宋教育史》的研究任务有一个过程。在国家第七个"五年计划"期间,他曾参与了《宋代研究丛书》的撰稿,并出版了《宋代教育》一书,大概由于这个缘故,2005 年杭州南宋历史文化研究中心筹措编纂《南宋史研究丛书》时,特约他主编《南宋教育史》。因当时苗春德正忙于《中原文化大典·教育典》的撰稿,抽不出身来,未能应允。然而中心负责人方建新教授再三邀约,盛情难却,再加上赵国权、刘卫东两位青年人也同意参与,于是,2005 年 8 月以苗春德为首的团队与之签订了约稿协议,约定两年交稿。任务承担下来以后,苗春德对课题组成员进行了分工,拟由 4 位同仁共同撰写。期间大家经过多次充分探讨,共同研究了编写的指导思想、目的要求、框架结构、内容取舍等问题,并作了初步分工。各部分的编写人员是:苗春德为前言、第一章、第二章、第七章第四、五、六节;刘卫东为第三章;赵国权为第四章、第五章、第六章、第七章第一、二节;赵国权、牛梦琪为第七章第三节,最后由苗春德统阅全部书稿。

然而好事多磨,著作虽然高质量地完成了,却比原定时间推迟了1年。这有主客观两方面的原因:一方面是《中原文化大典·教育典》的繁重修改任务缠身,另一方面又不得不"加塞"从事《南宋教育史》的撰写,加之主要执笔者赵国权教授又赴日本访学1年。研究团队交稿日期不得不一直后拖,著作直到2008年才出版,这也使苗春德一直以来深感歉疚和不安。

2.《南宋教育史》的研究内容框架

苗春德认为,研究南宋教育史目的在于了解南宋教育的产生、演变和发展过程及其规律,总结其经验教训,为今天的教育提供镜鉴。

因此,《南宋教育史》试图对南宋教育作全方位的考察和研究。全书共分为7章6个专题:第一章也就是第一个专题,从广阔的南宋历史背景,综合考察了南宋教育的基本特征。首先是"以儒治国的文教理念",其次是"对传统教育的传承和创新",再次是"学校教育制度的科举化",然后是"教育思想的多元化",最后是"爱国教育思想的凸现"。第二章是第二个专题,重点考察和介绍了南宋教育的主体——官学教育的基本情况。第三章是第三个专题,着重考察和研究了南宋私学教育的基本情况。第四、五章是第四个专题,从宏观和微观两个方面考察了南宋书院教育的基本情况。第六章是第五个专题,重点考察了南宋社会教育的基本情况。第七章是第六个专题,系统介绍了南宋有影响的六位教育家的教育实践活动及其教育思想。上述六个专题,重点突出,各自成篇,又具有内在的逻辑关联,它们既不是史料的罗列和堆砌,也不是干巴巴的几条结论,而是在史料分析的基础上较为深入的研究和探讨。

3.《南宋教育史》的多维度、多元素和多方位性

研究南宋教育史,不仅要研究南宋的"正式教育"——学校教育,而且也要研究南宋的"非正式教育"——家庭教育和社会教育;学校又分为官学、私学和书院,在实施教育的过程中,无论何种教育,又不能不涉及文教理念和教育家的教育思想,因此,研究南宋教育史,不能只从某一方面、某一层次或某一角度去研究,而必须从教育的多元素、多维度、多方位去开展研究。所以南宋教育史应该而且必须涵盖官学教育、私学教育、书院教育、家庭教育、社会教育、文教理念和教育家等内容。这就是苗春德建构南宋教育史基本框架的基本设想。这是其一。其二,长期以来,无论在教育史的研究中,还是在教育实施过程中,一般都强调和重视教育的纵向联系,即大、中、小、幼的衔接和学制的完整,或称"正式教育",不重视甚至忽视教育的横向联系,即学校教育、家庭教育、社会教育的联系,因而往往出现这三大教育方式的不一致、不协调,甚至相割裂、相抵消的问题。在多数历史朝代,甚至在当今,这都是一个需要认真研究和解决的教育困

惑。南宋时期,不仅重视官学、私学、书院的管理和教育,而且对家庭教育、社会教育也予以足够的重视和关注,这种对教育多管齐下、齐抓共管、综合治理的认识和做法,值得认真加以研究和借鉴。

4. 宋代教育对象范围的扩大

宋代统治者为了加强中央集权统治,广泛罗致人才以扩大统治基础;各级、各类学校在招生中淡化等级性,放宽家庭出身限制;科举考试也允许工商杂类参试进而入仕,这种在人才培养和人才选拔上的不断调整和反复探索,不仅符合文化下移的历史发展趋势,而且调动了广大士人的积极性,促进了教育的大发展,特别是基础教育的发展和繁荣。这一政策导向与孔子的"有教无类"的教育主张是一脉相承的。

5. 南宋对教育管理的重视

南宋的官学、私学、书院教育乃至家庭教育、社会教育,都实施了制度化、规范化的运作和管理,不仅有正面的政策导向,而且还有防范和约束性的规约。特别是地方教育行政机构的创置和教育经费的筹措与管理,在中国古代教育发展史上是前所未有的创举,值得认真研究、总结和借鉴。

6. 南宋书院教育制度的历史意义

宋代,特别是南宋,由于书院教育制度的创设和发展,随之而起的是理学的形成和广泛传播,继而推动了整个南宋教育的大发展。因此苗春德认为,书院的创置和发展意义重大,它不仅为中国古代教育的发展增添了新鲜血液,是古代教育新的增长点和宋代教育改革的突破口,而且为理学思想及伦理道德的普及和推广开辟了新路径,对全民文化水平和道德水平的提升做出了独特贡献。

7. 南宋私学教育制度的种类及现实意义

私学是指私人设立、与官办学校相对应的一种学校类型。宋代的私学空前发达,几乎遍布于城乡里巷,山陬海涯,所谓"弦诵之声,往往相闻"。宋代的私学既有因地、因时制宜的童蒙阶段的低级私学,又有各取所需的专经阶段的高级私学,还有各级各类的家学、家教和女子教育。蒙学阶段的私学,以识字教育、日用常识教育和伦理道德教育为主,目的在于"化民成俗"。专经阶段的私学比较复杂,有以传承师法家法坚守阵地的学派性私学,又有以科举制艺为宗旨的应举私学,还有与举业关系不大的传播学术、科技的学术性私学。这种集众多功能于一身的私学教育画卷,确实是五彩斑斓、精彩纷呈,它不仅同官办学校相生、相伴、相补、相争,共同促进了南宋教育的完善和繁荣,是南宋教育事业的重要组成部分,而且也为社会培养了大批人才和普通劳动者,是我国古代学术传承和发展的重要力量和途径。南宋私学教育的价值有目共睹,即使在今天,也可以为我国民办学校的发展提供重要启迪。

8. 南宋社会教育的内涵及社会职责

社会教育是中国近代史上出现的一个术语或词汇,尽管到目前为止,界定不一、内涵各异,但大家都认为,中国古代存在着社会教育的措施和活动,古代的"社会教育"对象是学校教育和家庭教育之外,对成员或社会大众所进行的所谓"教化""训俗"的活动。就内容来说,基本上是两个方面:一是与生产有关的所谓"劝农桑"的活动,一是伦常道德的宣教。据此,苗春德认为,南宋的社会教育的措施和活动,主要有:祭祀孔子及儒学大师的活动;皇帝及各级官吏的"诰""箴""谕"等;旌表封建社会的"忠""孝""贞""节"等措施;各种宗教的宣传活动;民间流行的各种各样的文化娱乐活动;乡约及各种宗规、家训;图书文献,等等。社会教育种以社会为本位和场所,不考虑教育对象的年龄、性别、职业、文化程度和衔接,时间上无始无终,空间上复杂而全面,既有积极的因素,又有消极的因素;既有正面的影响,又有反面的影响,是与学校教育相匹配和补充的教育,在南宋已经彰显出其独特的作用和贡献。在提出全面建成小康社会,构建社会主义和谐社会的今天,在提高国家软实力的当今时代,社会教育亦承载着重要的社会职责,对南宋社会教育进行认真研究和借鉴,不仅大有作为,而且任重道远。

9. 南宋学术思想及其特色

一般认为,在社会历史大动荡时期,也是思想解放大潮涌动、思想相对自由的时期,因而往往也是学术思想争鸣的黄金时期,这种看法不无道理。早在春秋战国时期,中国社会处在从奴隶制向封建制过渡,各阶级、阶层的代表人物,为推行自己的政治主张和理想,活跃于当时的政治舞台,因而形成我国历史上第一次"百家争鸣"的黄金时代。这是学术思想界的共识,苗春德认为,南宋也是如此。南宋是中国古代社会发展的一个"拐点",即转型期,当时兵戈扰壤,烽火连天,国难当头,命运多舛,生活在离乡背井或战争边缘、间隙之中的人们不能不关注国家的命运和前途,不能不推行自己的政治主张和理想,这就是南宋学术思想活跃的实质。因此,整个宋代特别是南宋学派林立,学术思想多元化成为势之必然。

尽管南宋学派众多,思想多元,但其特色却显而易见:一是理学思想形成并最终占主导地位,一是爱国思想的凸现。这两大特色是思想家、教育家们在特殊的时代和条件下,对南宋的历史命运和自己的苦难坎坷人生进行追问和探询过程中形成的,因而哲理性和情感性成了它特有的品格,表现在思想领域内就是理学思想和爱国思想。苗春德将这两大特色在第一章第二节和第五节中作了很多有益的探索。

10. 宋代知识人才的任用问题

宋代人才之盛超过以往任何朝代。但由于北宋、南宋的用人标准不同,因此其用人效果大相径庭:北宋惩创五季而矫唐末之失策,任人唯贤、广收人才,出现了大批恪尽职守、才德兼备的忠良之士,为国为民做出彪炳史册的贡献;南宋虽然也罗致大批人才,但任人唯亲,奸佞窃柄,忠良遭放逐,终致社会黑暗腐朽。由此可知,在人才问题上,关键不是人才的多少,而是人尽其才,才尽其用的问题,这是其一。其二,人才不都是儒士,也应该而且必须选拔和任用武秀。因为对一个国家或社会来说,文臣和武将犹如车之两轮,鸟之双翼,缺一不可,这叫"文武之道一也"。只有文、武人才同心协力,才能治国安邦、保家卫国,推动社会前进，任何片面的人才观和人才制度都会导致严重的社会后果。宋代重文抑武的国策设计，虽然能够惩矫武臣跋扈，却导致国家长期积弱不振，终致神州荡覆，这个教训是极其深刻的。

上述问题是苗春德及其研究团队想在著作中重点说明的问题，最终也确实在该书中都得到了较充分、准确的阐释。

《南宋教育史》是《宋代教育》的延伸和拓展，苗春德试图在书中对南宋时代的教育进行一次全方位的考察和梳理。著作在2008年出版后，2009年7月1日《中国社会科学报》创刊号发刊发了《对南宋教育史的全面探索》的书评，指出："该书力求揭示南宋教育发展的基本动因、发展轨迹、经验教训、历史地位及主要特色，结构严谨，内容全面，特色突出，见解新颖"，是"目前南宋教育史研究方面的一部较系统、全面的专门著作"。

三、填补乡村教育史研究空白

苗春德对"乡村教育"运动感兴趣由来已久。他从小生长在农村，家乡河南镇平在20世纪30年代初曾经试办过乡村自治与乡村教育，苗春德从小常听大人们讲河南村治学院院长彭禹廷回家乡办自治的故事，甚至直到今天，老人们谈起此事仍眉飞色舞，意趣盎然。20世纪60年代初，苗春德在北京师范大学攻读中国教育史研究生时，"乡村教育"思潮和运动被批判得一无是处，当时他就觉得：同是"乡村教育"运动这件事，当地老百姓的口碑与专家学者的评价，差距为什么这么大呢？"乡村教育"运动到底有没有可取之处？究竟应该如何评价它？于是他就萌生了研究"乡村教育"运动的念头。但在阶级斗争是一门主课的年代,"乡村教育"运动一直被视为禁区,其资料和事迹被尘封了20多年,直到党的十一届三中全会之后,才陆续有学者对"乡村教育"家进行了个案研究,出版了一些有关的资料选编,这就勾起了多年来深藏在苗春德心底未泯的研究兴趣。1995年全国教育科学规划办公室改革了"九五"规划重点课题的申报办法,不再以省为单位限额推荐立项,而是社会各界人士均可以向规划办申报课题,于是,他申报了"中国近代'乡村教育家'研究——20世纪初'乡村教育'思潮运动的再认识"并喜获批准立项。获准立项后,苗春德便组织人力,分工合作进行研究,《中国"乡村教育"的最早探索者——王拱璧》《陶行知"生活教育"理论述论》《略论雷沛鸿的民众教育思想与实践》《论20世纪上半叶"乡村教育"运动的基本特点》《论中国"乡村教育"运动先驱者的现代教育观》等,就是围绕这一课题而写出的一系列学术论文,该课题最终成果是2004年11月人民教育出版社出版的《中国近代乡村教育史》。

《中国近代乡村教育史》集中反映了几十年来苗春德在近代"乡村教育"领域的所思所想,文中立论多有新意,发前人之未发,在一定程度上填补了中国教育史研究的空白。全书在历史唯物主义和辩证唯物主义原理的指导下,从宏观方面对这一运动产生的原因、发展轨迹、经验教训、历史地位以及对"三农"问题的启示进行了综合分析,并通过对著名乡村教育流派及其代表人物的个案研究,论述了乡村教育运动发展过程中的共同特征和个性特色。全书在吸收十一届三中全会以来相关的最新研究成果的基础上，阐发了作者的新见解、新观点，是当时这一研究领域中的一部较为全面、系统的专著。

20世纪初期，广袤的中华大地上，风起潮涌般地崛起这样一个群体：他们少年时代聪慧过人，勤学深思；青年时代关心国家和民族的命运，或漂洋过海寻求救国救民的真理，或自学成才；中年时代在三座大山的夹缝和羁境中致力于"科教救国"；晚年多数归宿于社会主义，与中国共产党同舟共济。

这也是一个备受奚落的群体：摒弃高官厚禄和城市安逸生活，甘愿到农村自讨苦吃，居无定所，备尝艰辛，被浅薄俗见之人讥为行为乖张，匪夷所思。为了谋求祖国的富强，这个群体选择了改良的道路，企图通过科技等手段复兴中国。他们殚精竭虑、大刀阔斧地干了大半生，但直到归宿于社会主义之前，他们也没能看到祖国富强的影子。

为了提高农民的素质，进而提升全体国民的素质，他们不约而同地纷纷到农村去搞教育改革实验，大力提倡并致力于乡村教育，期盼建立一种新型的文化教育架构。但这个设想，无论其生前，还是其身后，都不同程度地受到批判或嘲弄。

它不是一个严密的组织，而是一个叫乡村教育的团体。乡村教育是一个总的名称，细分起来又可分为"新村教育""职业教育""平民教育""生活教育""乡村建设""民众教育"和"国民教育"等。尽管流派纷呈,但他们都把乡村教育作为自己的事业、旗帜和追求。

乡村教育实验运动是应该肯定还是否定?

乡村教育先驱们是推动时代前进还是逆历史潮流而动?

乡村教育运动是引中国教育于现代化的正路,还是导中国教育于陷阱的歧途?

乡村教育领袖们的人生是成功还是失败?这个群体的强国富民之梦为什么不能圆?时代的局限和他们自身的失误又在何处?这些或许是正在探索与世界接轨的当代中国人感兴趣的历史话题。

苗春德指出,历史是一面镜子,翻开这一页距今并不太远的史册,认真探索"乡村教育"问题,一定能给现代中国带来一些有益的借鉴或启迪,因为农业、农村、农民问题,一直是一个关乎国家全局的基础问题和战略问题。古代中国,是一个农业型的泱泱大国,农业、农村、农民问题是第一大问题,自然备受重视;近代以后,由于帝国主义的侵略和军阀混战,给中国人民带来了深重灾难,处于中世纪状态的农业、农村、农民问题更加凸显,成为思想家、政治家关注的焦点之一;在当代,农业、农村、农民不仅为国家现代化建设提供了原始积累,奠定了物质和经济基础,还为第一、二、三产业提供了劳动力和广阔的市场,当然也带来了种种矛盾、困难和问题。因此,在社会主义现代化建设过程中,我国历代领导人毛泽东、邓小平、江泽民、胡锦涛、习近平同志都始终高度重视和强调农业、农村、农民问题的优先地位和全局作用。鉴于"三农"问题在中国经济发展和社会进步过程中所具有的特殊地位和作用,我们有义务、有责任去关注、研究它。《中国近代乡村教育史》从历史上总结经验教训,力求为"三农"工作提供借鉴和参考。

(一)《中国近代乡村教育史》的成书历程

2004年11月,历经5年,几经曲折,《中国近代乡村教育史》终于同读者见面了,就像十月怀胎一朝分娩一样,苗春德感到由衷地欣慰和愉悦!

乡村教育思潮和运动的研究,苗春德首先得益于业师陈元晖教授和毛礼锐教授。初次接触教育史时,陈元晖教授对乡村教育思潮的评价给苗春德留下难以磨灭的印象,激发和促导了他的研究兴趣。20年后的1982年,在全国教育史研究会第二届年会上,毛礼锐教授把包括苗春德在内的几个研究生班学生组织起来编写《中国教育史简编》,苗春德承担的"现代"部分中就涉及乡村教育。在搜集和梳理资料的过程中,他虽有一些想法,但在文字上没能进一步展开。后来,随着改革开放的深入和实事求是学风的恢复,他对乡村教育思潮和运动的兴趣有增无减,觉得以前一些似是而非的定论,细细推敲起来,依然问题很多,实在有检讨的必要。于是,他和学生陆续发表了《试论陶行知对农村师范教育问题的探索》《陶行知"生活教育"理论述论》《略论雷沛鸿的民众教育思想和实践》《中国"乡村教育"的最早探索者——王拱璧》等学术论文,进一步增强了团队研究这一问题的信心和勇气。

1995年,全国教育科学规划办公室改革了"九五"规划重点课题的申报办法,社会各界人士均可直接向规划办公室申报课题。苗春德组织专家团队,酝酿申报了"中国近现代乡村教育家研究——20世纪初乡村教育思潮运动的再认识"。1997年课题获得全国教育科学规划领导小组的评审、批准,以原课题的副标题为名立项,并被列为教育科学"九五"规划国家教委重点课题,获得河南大学研究专款,这使研究团队备受鼓舞。1997年后半年,研究团队开始搜集资料,选择研究角度,磋商编写大纲,访问、请教有关专家、学者。从国内外有关同类课题研究状况看,乡村教育家们的个人资料、事迹以及个案研究成果已陆续推出,关于乡村教育思潮和运动的宏观考察和综合研究则寥若晨星,这就给团队的研究工作留下了较大空间。本着使课题研究具有宏观性、综合性、新颖性、可借鉴性的原则,研究团队选择了5个问题作为研究的切入角度,即乡村教育思潮和运动产生的原因、嬗变历程、基本特点、经验和教训、历史地位及影响、与当前农村教育改革的关系等。

研究工作开展之后,因种种原因,课题组成员也作了一些更换和调整。在研究紧张进行的1999年9月,苗春德突患颈椎病,发病时天旋地转,呕吐不止,不得不住进医院治疗;出院时大夫吩咐不得长期伏案工作,于是他被迫中断研究半年之久。2000年春虽然可以工作了,但因有教学任务,所以只能在课余时间断断续续地整理书稿。课题组其他成员，都是肩负着繁重的教学和行政工作的青年同志，为了不影响各自的本职工作，他们克服各种困难，占用了许许多多的节假日休息时间，潜心研究，终于完成了这项任务。他们的学术水平、思想境界和写作能力也都在研究中得到了很大提升，其中，何红玲、张光辉、张建华还分别考取了北京师范大学、南京农业大学和复旦大学的博士研究生，该课题研究达到了出成果、出人才的预期目标。2001年5月，课题通过了由全国教育科学规划领导小组教育史学科组成员、北京师范大学教育与心理科学学院院长、博士生导师王炳照，北京师范大学博士生导师郭齐家，全国教育科学规划领导小组教育史学科组成员、中央教育科学研究所研究员宋恩荣，中央教育科学研究所研究员杨焕英、副研究员宋荐戈组成的课题鉴定组的鉴定。

2002年7月，由人民教育出版社副总编吕达博士牵头，将《中国近代乡村教育史》纳入《中国近代教育专题史论丛》出版计划，苗春德非常感动和振奋。接到书稿后，吕达和该社教育编辑室主任刘立德、责任编辑冯卫斌进行了认真的编审，并提出具体修改意见。在此基础上，苗春德又作了调整和增删，书稿最终于2004年11月出版面世。

课题在研究运作过程中，得到原华东师范大学副校长、全国教育史研究会顾问、全国教育科学规划领导小组教育史学科组组长江铭，全国教育史研究会副会长、全国教育科学规划领导小组教育史学科组成员、北京师范大学博士生导师王炳照，全国教育史研究会副会长、全国教育科学规划领导小组教育史学科组副组长、浙江大学教育科学学院院长田正平的热情指导,还得到人民教育出版社教育编辑室原主任邱瑾、中央教育科学研究所研究员杨焕英的大力支持。他们不仅提供有关乡村教育家的研究资料,还对研究计划和初稿提出过具体修改意见,对以上诸位先生为此课题所作出的贡献,苗春德铭记于心。他还感动于河南大学领导,是他们的关怀理解和慷慨资助,才使研究课题得以付诸实施。

(二)编纂《中国近代乡村教育史》的指导思想

20世纪初期,中国的农村问题引起社会的广泛关注。为了探索解决中国农村问题的出路,进而解决中华民族的出路问题,一批有识之士竞相到农村去进行教育实验运动。尽管这一运动已经过去了半个多世纪,后来被无产阶级领导的新民主主义革命和教育所代替,但乡村教育家们开始冲破中国教育超然、闲适的局面,勇敢地走出书斋,把教育改革与社会改革紧密相连,显示出20世纪初期中国教育发展的一大特点。

虽然近年来学界已整理出版了不少乡村教育领袖们的全集或教育论著选集,也出版了有关他们的评传或个案研究专著,一些中国教育史专著中对乡村教育思潮和运动也能够简略地予以评述,并能对一些"左"的评价予以廓清;但从总体上看,这一思潮是如何产生的,它有什么基本特点,从中应吸取哪些经验和教训,它对中国当前的农村教育改革有什么启迪或借鉴等问题则缺乏宏观把握和研究。鉴于此，苗春德拟在坚持历史唯物主义和辩证唯物主义的基本原理基础上，从宏观和总体上实事求是地对20世纪上半叶我国乡村教育的发展，特别是乡村教育思潮和运动中的几个主要问题进行初步的探讨和研究。

（三）《中国近代乡村教育史》的结构与内容提要

《中国近代乡村教育史》分为3编12章6个专题。第一、二章为第一编，其中第一章也是第一个专题，从广阔的中国近现代史的角度考察和分析了乡村教育运动产生的政治背景、经济原因、思想根源以及外部原因。第二章即第二个专题，着重考察了乡村教育思潮和运动从无到有，从小到大，从零星的个人思维到形成思潮和运动的全过程，以及它的最后归宿。第三至第九章为第二编，也是第三个专题，从微观角度考察和介绍了7位乡村教育家及7大乡村教育流派的教育思想、理论及其实验活动。第十至第十二章为第三编，其中第十章为第四个专题，从宏观角度和总体把握上论析和总结出乡村教育思潮和运动的基本特点、经验和教训。第十一章为第五个专题，从总体把握和宏观眼光考察和探讨了乡村教育思潮和运动在中国教育史上的历史地位、影响。第十二章为第六个专题，简略介绍了中国近代乡村教育运动与当前我国农村教育改革的关系。上述专题各自成篇、重点突出，又具有内在的逻辑联系，它们既不是史料的罗列与堆砌，也不是几条干巴巴的结论，而是基于翔实史料分析基础上的较为深入的钻研与探讨。

(四)《中国近代乡村教育史》的创新之处

苗春德认为,《中国近代乡村教育史》的一些观点与以往的教育史论著相比有一定创新性,具体表现如下。

1. 关于乡村教育思潮和运动产生的原因问题

通过对中国近现代社会历史背景的考察,特别是对思想根源的考察,有力地说明了乡村教育思潮和运动是近代以来"川流不息"的救亡图存的时代主潮、庸俗进化论的传入与影响以及广大农村缺学少教情况的实际反映。它不可能是为"适应"反动统治、"对抗"革命根据地而生,因为那时南京国民党新军阀的反动统治和共产党领导的革命根据地还没有建立起来。同时,在研究中国近代乡村教育时,有人只溯源于中国现代社会,不详及西方文化教育对中国的影响;另一些人又热衷于西方文化教育的传入,置中国近现代现实于不顾,以致彼此如何参商难以相接。苗春德认为,中国近代乡村教育的产生和发展,不仅有其内因,而且有其外因,两者之间有着深刻的内在联系,他为揭示此种联系,在第一章中作了一些尝试性的探索。

2. 关于乡村教育思潮和运动的结论问题

尽管河北定县和山东的乡村建设运动在抗日战争爆发后中断,整个乡村教育运动没有取得理想的效绩和结果,但它绝不是"不了了之",也不是"以失败而告终"。抗日战争爆发后,中国共产党领导全国人民浴血奋战、抗战救国,在民族矛盾上升为主要矛盾时,走中间道路的乡村教育领袖们逐渐走进或卷入抗战救国的洪流之中,他们先后转轨,最终融入新民主主义教育之中,成了新民主主义教育的组成部分。诚如黄炎培所言,"它绝对不是消极,而倒是积极;绝对不是消灭,而倒是发展",这里的"它"虽然说的是职业教育的情况,但是苗春德认为,对乡村教育其他流派来说,也是适用的。

3. 关于乡村教育思潮和运动的流派问题

该书第二章作了详细的统计,到目前为止,乡村教育有两派说、三派说、四派说、五派说、六派说等等。对于这样一个众说纷纭的问题,苗春德认为不必强求统一,匆忙做出结论,应该让学术界见仁见智地去各抒己见。在学术问题上,有两种意见比只有一种意见要好,有三种意见则更好,因为只有分歧才能促进我们对事物更为全面的认识,才能导致真正的发现。

4. 关于乡村教育思潮和运动在中国教育史上的价值和定位问题

苗春德认为,乡村教育思潮和运动具有"深固的忧患意识""忠贞的爱国热忱""崇高的使命感和事业心""执着的探索精神"等四个基本特点。由乡村教育思潮和运动得出的五条基本经验是:"乡村教育是农村整体改进的关键""大教育观的提出和实施""中国教育的重点和难点在农村""义务教育、成人(职业)教育与职业技术教育并举""因地制宜,教劳结合"等。乡村教育的四条主要教训是:"改良主义的中间道路""缺少农民群众的积极拥护和参与""缺乏大批落地生根的乡村教育的实干家""缺少政治力量的'一以贯之'的支持与承诺"。乡村教育明确主张中国教育要与世界教育接轨；中国教育要民族化、大众化、科学化，即中国教育要现代化，充分显示出它在中国教育史上的贡献与地位，同时存在一定的历史局限性。这就是它在中国教育史上的价值和定位。

5. 关于乡村教育思潮和运动与革命根据地的关系问题

苗春德通过对陶行知的生活教育与革命根据地教育，以及陶行知与无产阶级教育家徐特立关系的考察；从"陶行知他们"对"农村包围城市"革命道路形成的启迪，对黄炎培"千年窑洞对"与毛泽东执政宣言的关系研究；通过对抗日战争爆发后，乡村教育领导人走进或卷入抗战救国的洪流之中，最终使乡村教育运动成了新民主主义教育组成部分的事实的研究，认为乡村教育思潮运动与革命根据地的关系不是相互对立的，而是互有影响，互为借鉴，关系密切。

6. 关于乡村教育思潮和运动与当今世界教育改革发展趋势的关系问题

通过深入解读和系统考察，苗春德还发现，代表着当今世界教育改革发展趋势的"建立学习化社会""学会生存""教育民主化""开放教育""全面发展""全民教育""终身学习与终身教育""创造教育""快乐教育""休闲教育""新学生观"等新的教育理念，以及分层教学、模拟教学、情境教学、交互教学、虚拟学校、网络教育、思维训练、教材改革等教育实验与实践，都能从乡村教育领袖们的思想和论著中找到信息源和支撑的理论根据。

这充分显示了乡村教育先贤们的国际视野和超前意识。

7. 关于乡村教育思潮和运动与当前我国农村教育改革的关系问题

历史有惊人的相似之处，乡村教育运动当年所做的许多事情，今天依然在延续。例如，如何在农村普及教育和推广职业技术教育，提高广大农民群众的文化科学水平，加强精神文明建设，进而提升农村的物质文明程度和改善广大农民群众的生活质量等问题，过去是，现在仍然是重要的问题。又如，根据农村医药卫生实际情况和人力、财力的可能性，创设的由村、区和县的医药卫生保健制度和设施，今天也依然十分必要。再如，倡导和鼓励"博士下乡"，大学毕业到农村去摸爬滚打，把自己的青春才华和知识技术奉献给广大农民群众，这在农村全面奔小康的今天，尤其需要。总之，乡村教育运动在这方面进行了各种有益的探索和实验，有成绩，有经验，也有教训。后来爆发了抗日战争，实验萎缩或中断，并没有系统地总结过经验；新中国建立后，乡村教育运动的资料和事迹被尘封了20多年，直到党的十一届三中全会以后才陆续有一些学者对乡村教育家进行了一些个案研究，但从总体上对当年的乡村教育思想和实验运动进行综合研究，始终是一个薄弱环节。苗春德想从这方面作一些尝试，以便为我国农村教育综合改革提供切近的参考和借鉴。

8. 关于如何评价乡村教育家的问题

这又是一个需要深入探讨的热点和棘手问题。首先评价乡村教育家不能不涉及对"改良"思想的评价问题。长期以来，人们总是笼统地把"革命"与"改良"对立起来，认为提倡"教育救国""科学救国""实业救国"的人都是要保存旧政权、旧制度，总是谈"改良"的消极方面，甚至认为主张"改良"的人就是不革命，不革命就是反革命，就是为反动统治阶级帮忙。这种认识问题的方法是有很大的片面性。主张"改良"的人，并不一定就是不革命，更不一定就是反对革命。其次，评价乡村教育家不能不涉及阶级和阶级斗争问题。在半封建半殖民地和军阀割据的社会里，时代背景就是阶级背景。在这种特殊背景下，忽视阶级和阶级分析，当然不对；但机械地形而上学地乱贴阶级标签，也不可取。在这个问题上，重温一下马克思的有关教导是很有必要的。马克思、恩格斯在《共产党宣言》中指出，当阶级斗争处于十分激烈的时刻，统治阶级中的一小部分人看到历史运动的前景，就会脱离本阶级而在思想上政治上转向掌握着未来的阶级，"正像过去贵族中有一部分人转到资产阶级方面一样。现在资产阶级中也有一部分人，特别是已经提高到从理论上认识整个历史运动这一水平的一部分资产阶级的思想家，转到无产阶级方面来了"。在半殖民地半封建社会里，民族资产阶级即使不能彻底洞悉整个历史进程，但多少能蒙眬察知历史发展前景的较有远见的思想家，在维持固有的统治秩序的前提下，也考虑到人民的某些利益，以至发展成为乡村教育运动，这完全是可能的，这是中国现代化演进过程中非常特殊的插曲。民族资产阶级中的开明人士，以一代人付出青春和自由意志为代价的社会改造和教育改造运动，毫无疑问，也是一份珍贵的遗产。如果只是简单地加以否定，或者只概括出几点消极落后的东西，以偏概全，是不可取的。需要重新认识它，探讨它，不是为历史而历史，而是站在新世纪的高度对历史问题的再一次质询，还其本来面目；而且也是对它自身的伤痛和缺憾进行望闻问切，进而使其成为我们认识今天农村问题的思想资源之一。再次，对人生的评价，不论是历史人物还是现实中人，依据的不是其职位的高低和职业的不同，而是他们的人生价值和人格精神。过去我们在批判乡村教育运动时，连乡村教育家的人生精神和人格也被贬低了，否定了，这不仅是失之偏颇，而是太不应该了。民国初年，教育界盛名远播的黄炎培，两次拒绝担任北洋政府教育总长，矢志从事平凡的职业教育；陶行知既谢绝出任武昌高等师范学校（武汉大学前身）校长和母校金陵大学校长，又谢绝出任安徽教育厅长、四川教育厅长，心甘情愿地为人民大众的教育事业而献身；毕业于世界名校耶鲁大学的晏阳初，婉言谢绝到北洋政府外交部去高就，坚贞不渝地甘愿与华工为伍，终身致力于平民教育；从小生长在大都会的梁漱溟，不惜辞去最高学府北京大学的诱人教职，而甘愿到偏僻的鲁西南曹县一个中学去屈就；毕业于美国哥伦比亚大学师范学院的俞庆棠，主动辞去江苏省立教育学院院长职务，甘愿做一名普通的教学研究人员；毕业于日本早稻田大学研究生院的王拱璧，一竿子插到生他养他的西华农村，而不屑于河南省农林厅长之职；留学欧美近十年的雷沛鸿虽五任广西教育厅长，但他又多次辞掉这个高位，志不在做官，而是掬一腔热血"为穷而失教的劳苦大众教育事业而奋斗"，等等。

乡村教育领袖们这种视高官厚禄如敝屣、粪土的人格精神，难道不应该大书特书、大为褒扬吗？他们这种人生价值的追求，与今天某些人不择手段伸手要名要利，跑官、买官、骗官的所作所为，何啻天壤之别！历史是昨天的现实与人生，今天的现实和人生又是明天的历史，因此，评价历史人物和现实中人，应该而且只能用同一个标尺，这就是苗春德的观点。

以上几点，是《中国近代乡村教育史》立论新意之所在，尽管仍有很大的探讨余地，苗春德还是愿意把它作为引玉之砖抛出来，以引起学界的关注和争论。他认为，"立异"是为了"求同"，"立异"是"求同"所必需的。这里的"同"，就是马列主义的实事求是，亦即合乎乡村教育运动实际的结论。

四、情系中原教育

由于长期工作和生活在河南，所以关注河南的教育事业，研究和展示河南教育方面的历史业绩，就成了苗春德责无旁贷、义不容辞的职责。他曾说："中原文化赖以发展的基础是教育。通过教育、知识、技能和道德观念代代传承的过程，出现了数以千百计的伟大的教育家、名人，他们为中原文化的传播和延续，做出了不可磨灭的贡献。中原教育史如此多的资源和业绩，令我们深感自豪，全景式的扫描和展示，是我们的责任。"事实的确如此，悠悠大河、厚土中原，在辉煌灿烂的中原文化遗产中，教育遗产是其丰富、珍贵和重要的组成部分，整合中原得天独厚的教育资源，展示中原教育的成就和业绩，不仅有文化积累和文化传承价值,而且具有重大的文化建设价值。学习和研讨中原教育,对弘扬中原传统优秀文化,塑造河南形象,促进中原崛起,推动物质文明、政治文明和精神文明建设,具有重要的现实意义。

"在宋代之前,中原教育十分成功,培养出大批出类拔萃的人才,可说是名人辈出,灿若群星。南宋之后,按现在教育史的写法,中原教育仍是蔚为大观,学校数量及教育制度、规范程度比以前有过之而无不及,但河南叱咤风云、享誉全国的人物,却越来越少,这是为什么呢?一般认为,最重要的原因是南宋后,国家政治、经济、文化中心转移,中原失去了京畿地位,人才大量南迁,河南逐渐成为文化上的'偏远地区',甚至曾一度沦为'偏方下州'。除此之外,还有别的原因:中原教育在远古、中古与黄河农耕文明共生共荣,而南宋后,东南沿海一带逐渐兴起工商业文明,社会需要的人才逐渐改变了时代需要,但中原教育却依然故我,仍走读经一条路,跟不上时代需要,培养的人才与需求对不上口径……深刻的教训,如今的河南教育不能不汲取。"这是《大河报》首席记者姚伟在《"教育"千载同行——皇皇巨著唤醒河南记忆》系列之《教育典》中的一段话。因此,对中原文化教育的演变历程、正反得失作深入系统的梳理和总结,对当前河南乃至全国的文化建设均有重要意义。

在苗春德开始《中原文化大典·教育典》的撰写工作之前,河南教育史很少有人去做系统研究,20世纪80年代后学界先后出版了《河南教育史稿》《河南书院教育史》等专著,但整体挖掘远远不够,没有一本贯通古今、纵览全局、涉及各方面的教育通史。改革开放以来,中原的教育史学科同全国、全省的其他学科一样,呈现出一派发展和繁荣的局面,并相继出版了一些断代的、专题的、局部的或一地区、一学校的史志,但这种不成系统的出版物,难以准确地、完整地再现往日的规模和辉煌。中原教育文化是一座丰硕而完整的"富矿",不能被完整地挖掘出来,未免不是学界的一种缺憾。鉴于此,在河南省委、省政府的领导下,河南新闻出版局经过1997—1999年3次大规模论证和多次调研,确定了实施包括中原教育在内的《中原文化大典》出版工程,并将其列为国家新闻出版"十五"重点图书出版规划。2003年9月,苗春德介入了《中原文化大典·教育典》的研究工程,多次认真学习有关文件和省领导的指示精神,研究编写的指导思想、目的要求、框架结构、内容挖掘等问题,并在全省范围内物色编写人员,根据每人的特长作了分工。从2004年进入查找资料和撰稿阶段,到2007年上半年完成了两个分卷的初稿,4年间经多次磋商、传阅、修改,编写人员也有所调整;在郑州两次召开征询意见研讨会;河南大学历史文化学院有关学者把关审查,北京师范大学教育学院同行专家评审,最终《中原文化大典·教育典》付梓,将河南教育全景、立体地呈现给世人,为中原教育的系统研究做出了重要贡献。

《中原文化大典·教育典》是对上自远古、下迄清末,中原大地丰厚和珍贵的教育遗产和资源所进行的挖掘、梳理和全面整合,向世人展示了中原教育的规模和业绩。由于该书规模较大,研究团队将其分为《官学·选士》《私学·书院》《家庭教育・社会教育》三册来阐述，各大专题所涵盖的内容既相对独立又有内在的逻辑联系。例如由官府设立的官学，通常通过"学而优则仕"与国家的选士制度紧密相连；私学与书院性质相近，与选士制度有所疏离，相对独立；家庭是社会的细胞，家庭和社会是人类从自然人到社会人转变过程中不可或缺的环节。这种以横分竖写、纵横结合的大专题形式来叙述教育发展过程与演变，早在20世纪80年代初毛礼锐教授主编的《中国教育史简编》就采用过。这种专题形式的好处是显而易见的：即以大专题为标题，按时间顺序讲一件事情的发展变化，并论述其变化的原因和得失所在，更便于读者阅读，容易发现其演变规律。当然，这种体裁也有缺点，即在同一历史时期内发生的各种教育事实不在一起讲，而分别讲各个教育事实时又都要联系同一历史时代和背景，这就不可避免地要在时间背景上作重复的叙述。因此，在研究中作者要做好统揽和取舍工作。

（一）编纂《中原文化大典・教育典》的指导思想

江泽民同志在中国共产党第十六次全国代表大会上的报告指出："必须坚持马克思列宁主义、毛泽东思想和邓小平理论在意识形态领域的指导地位，用'三个代表'重要思想统领社会主义文化建设。"包括《中原文化大典・教育典》在内的《中原文化大典》是大型的综合性、地域性的文化套书，是国家"十五"重点图书出版工程，自然也必须以此作指导和统领，但在编纂过程中，如何具体体现和运用，这就需要认真学习和钻研。研究团队从三个方面展开研究:一是坚持"实事求是"这个马克思主义活的灵魂。首先,对史料坚持"论从史出"原则,多则多写,少则少写,没有就不写。如夏代的学校情况,文献阙如,难知其详,只好从略。依据实事写书,不作感想式的臆断,这是研究团队遵循的准则。其次,对历史事件或史实作判断要实事求是。如郑州商城遗址是否为汤亳,争议颇多,作者虽然从"郑亳"说,但并不强加于人,而是把其他说法都注于页下,以便读者参考。二是不主张历史遗产都贴阶级标签。进入阶级社会以后,中原教育便打上了深深的阶级和等级烙印,这是一个不争的事实,因此,我们在叙述阶级社会教育时,只能而且必须将其置于当时复杂的阶级矛盾和民族矛盾之中,做出符合时代和阶级的考察与分析,这是不言而喻的。但同时,马克思主义还认为,某些教育遗产具有相对的独立性,它不是某个阶级所独有的,而是经过不同阶级世世代代共同创造和积累的成果,因而它不只是为某一个阶级服务,而是可以为不同的社会意识形态服务。例如,重视对下一代的艺业和伦理道德教育,并把道德教育放在首位;强调"蒙以养正",重视儿童蒙学教育,编写童蒙读物;重视教育为生产劳动和社会生活服务;多次改革学制,不断扩大受众,逐渐走向下层;施教的多形式、多层次、多手段等;重视管理,设中央和地方管理机构,并以赠书、赠学田等形式解决办学经费等等。这些教育原则、措施至今仍放射着智慧的光芒,一旦赋予新的内容,便可能成为社会主义精神文明的组成部分。三是坚持两分法,注意继承和弘扬。丰富的中原教育遗产中,泥沙俱下,鱼龙混杂,既有唯物主义的民主性、科学性精华,又有唯心主义的宿命论、等级性糟粕。对此,既不能抱残守缺、兼收并蓄,又不能妄自菲薄、全盘否定,而是立足于现实,实事求是地揭露批判和继承弘扬,不是为历史而研究历史,而是把教育史的研究同建设具有中国特色的社会主义现代化教育紧密结合起来。历史是现实的基础,现实是历史的发展,人们要想了解现实、把握现实,预见未来、开拓未来,就必须深入研究历史,"鉴往而知今",这是了解现状和国情的重要渠道。因此,要建设具有中国特色的现代化中原教育事业,不研究和了解中原教育的过去是不行的,总结和借鉴中原历史上教育成功的经验和失误的教训,至少可以使现实教育在发展过程中少走或不走弯路,促使中原尽快从教育大省变为教育强省。

(二)《中原文化大典·教育典》所涵盖的多元内容

不能认为只有学校教育才算是"正式教育",而把广泛的社会教育视为"非正式教育";不能只重视学校教育,而忽视社会教育。研究中原教育史,也必须作如是观。中原地区在远古时代没有学校,在距今大约50万年前,在现今的南召县有了猿人,有了中原人类特有的教育,但这时的教育还不是学校,因为即兴地教小孩爬树摘菓蔬,用石块或木棒追打野兽,只能称作社会教育。当中原人类进入氏族社会,并逐渐有了血缘对偶家庭和家族时,就产生了氏族教育和家庭、家族教育。到了夏、商、西周时期,中原又产生了学校和学制体系,这时的学校制度后世称之为奴隶制官学。春秋战国时期官学衰落,诸子百家私学崛起,这就有了私学教育。唐末五代时期,又出现了书院,于是有了书院教育。中原教育便由上述这些元素所构成,研究中原远古、中古、下迄清末的教育史,不能不谈这些教育事实和教育元素。

当然,研究中原教育史也有个主次的问题。虽然社会教育产生最早,受众最多,但学校产生之后,学校教育就成了主体,其他教育就退而居其次,因此,研究中原教育史不能不以学校教育为主体。

(三)《中原文化大典·教育典》的框架结构和体裁

我国的史书,基本上采取编年体、纪传体、纪事本末体、学案体等体裁来编撰,这几种体裁的史书各有长短。《中原文化大典·教育典》经过酝酿讨论,则采用横分竖写法,纵横结合,即以大专题的形式来撰写。采用大专题形式有缺点,好处也是显而易见的,诚如毛礼锐教授所说:"一般说来,这种以事件为标题,按时间顺序讲一件事的发展,并论述其变化的原因和得失之所在,更便于阅读,更容易发现其规律性。"

《中原文化大典·教育典》以专题形式叙述教育发展过程和演变,是在中原地域范围内作的一次有益尝试。研究团队将大典横分为几大专题,但如何纵横结合却不作统一要求,由各专题主编自行选择。或按朝代顺序来撰写,或按远古、中古、近古来叙述,还有按历史发展阶段即原始社会、奴隶社会、封建社会、半封建半殖民地社会来展示的。总之,从实际出发,为写出具有特点和亮点的中原教育史,怎样方便就怎样写。

(四)《中原文化大典·教育典》的特色和亮点

根据编纂要求,《中原文化大典·教育典》将数千年乃至数百万年中原大地丰硕而珍贵的教育遗产进行全面整合,这件事情看似容易,做起来却很难。众所周知,从夏到北宋,先后有22个奴隶制和封建制王朝在中原建都,也就是说,中原曾22次成为全国或割据政权的政治、经济、军事和文化教育中心,因此,一部中原教育史,从某种意义上说,就是一部中国教育史的缩影。苗春德作为主编,尽管一直从事中国教育通史的教学和研究,但因此前对中原地方的教育史料较少涉猎,在这种情况下,如何以中原教育为主题,凸显中原地方特色和亮点,避免跟着全国教育史亦步亦趋、把中原仅作为一个例证的做法,就成了摆在他面前的一个重要课题。因此,在整个编纂的过程中,苗春德自始至终都把这一课题作为抓手,多次进行协商和研究。在这一过程中,他逐渐体悟到,建都中原的王朝,其所实施的教育有中央和地方两级,中央教育是王朝教育的品牌,处主导地位,不能不写;地方教育是中原教育的亮点和强点,必须展示,因此两级教育都要写。但如何恰当地取舍和操作,就需要认真思考和慎重斟酌了。他的做法是,中央教育要"瘦身",做到要而不繁,专捡中原籍士人在王朝教育中的贡献和业绩来写,不要把都城发生的教育事实全揉进来;中原地方教育,一定要下大力气,深挖最原始的第一手资料。

尽管研究团队努力朝这个方向下功夫,力求以中原为主,彰显河南教育特色,但实际效果并不尽如人意,特别是《官学·选士》,尤其是这一卷中宋以前的官学和察举制度、九品中正制度及科举制度,基本上与全国教育史大同小异,没有跳出全国教育史的窠臼。之所以如此,与客观实际不无直接关联。传说中的三皇五帝时代及以后的夏、商、周时期,这是中国古代教育的渊薮,不可或缺;但这些时代的教育事实,又大多发生在现今的河南境内,这是一个不争的事实。即史学界公认的"五千年中国看河南"。编撰中原古代教育史,不能不反映这个时代的史实。这样一来,就显得中原与全国重复,缺乏特色和新意,这是预料之中的事。但《私学·书院》卷就不同了,自由发挥的余地比较大,在一定程度上挖掘出中原地区的一些资料和史实,体现了中原教育的一些基本特色和亮点。

(五)关于中原教育与人才成长的关系问题

在《中原文化大典·教育典》即将付梓的时候,通观全书,苗春德觉得,教育与人才成长的关系问题在大典中未能完全厘清,这是此次编纂的一个缺憾,需要在未来的修订中加以完善。众所周知,人才成长与学校教育息息相关,学校是出人才的地方,是社会最主要的人才库,中原教育曾为夏商、周、秦、汉、魏、晋乃至隋、唐、北宋等朝代,输送和提供了大量才智之士,推动了这些朝代的政治、经济、军事、文化和社会发展,这是一个不争的事实;南宋以降,中原教育虽然仍是蔚为大观,办学热度持续不减,甚至在制度化、规范化方面比以前有过之而无不及,但遗憾的是,出现的股肱人物却越来越少,这也是一个不争的事实,对此,该典并未予以正面阐释。从文化背景来看,有两点需要注意:一是南宋以降,国家的政治、经济和文化中心转移,中原已失去京畿之地的优越地位;二是中原教育在古代与黄河流域的农耕文明经历了共生共荣的漫长岁月,南宋之后,东南沿海一带逐渐兴起工商业文明,国家所需人才已逐渐改变了规格,而中原教育却依然故我,因而跟不上时代需求。人才和需求对不上口径,当然也就无用武之地了,这大概就是中原人才稀缺的主要原因。前一点已成过往,现代人无能为力,无法改变;后一点中的历史教训,在发展现代化教育的过程中应该牢牢记取!

除了上述三大领域外,苗春德还以不同身份参加了一些学术团体,并有不少文章(论著)问世。如河南孔子学会,他曾以副会长的身份组织会员考察了"孔子周游河南圣迹",在这一考察过程中,他发表了《对儒学的三点认知》《孔子生命历程的启迪:循时顺变》《孔子的"入世"与"避世"》《孔子的儒学及教育》《孔子的忧患意识、参政意识和教育救世思想》《试论孔子的使命感教育、养生教育及环保教育思想》等,最后完成了《孔圣足迹遍河南》一书,于2013年10月出版。

五、学术感悟

研究和展现我国历代教育业绩,不仅具有重要的文化积累和文化传承的价值和意义,而且对推动当前我国物质文明、政治文明和精神文明建设，对发展我国软实力，促进中华民族的崛起和伟大复兴，都具有重要的现实价值和意义。通过与中青年教师和研究生多年的共同研究和著述亲历，苗春德内心感受颇多。

（一）时代的责任和担当是不竭的动力

中国历来有"盛世编史修典"的优良传统。无论是《中国近代教育专题史论丛》，还是《中原文化大典》《南宋史研究丛书》，都有一个较长时间的酝酿、策划和实施过程。以《中原文化大典》为例，"它创意于'八五'，策划、论证于'九五'，设计、实施于'十五'，完成于'十一五'"，前后历时近20年。正是改革开放的时代春风驱散了著书、出书的阴霾，打开了学人的文化襟怀和眼界，提升了学人、出版人的时代责任意识和文化使命意识，为编史修典提供了学术平台、组织条件和物质条件。可以毫不夸张地说，没有改革开放的时代，就不可能有这些丛书、套书的创意及成果，这是毋庸置疑的。

（二）组建和调动研究团队的积极性是关键

一部丛书或套书，少则几本，多则十几本、几十本，这都不是一个人的力量所能完成的，再加上必须在规定的时间内完成，因而需要组成一个临时的专业团队，多学科协同作战、联合攻关。具体到教育史学科，自然也不例外。特别是《中原文化大典·教育典》这样贯通古今、大型地域性教育史专著，仅主编和分卷主编就有6人之多，参与资料搜集和撰稿者有40多人次。把这样一个既有本校人员，又有外单位人员，且本校人员中包括教科院、教务处、成人教育学院、图书馆等单位的教师、干部以及前后几届教育史、教育学、高等教育、成人教育等专业的研究生，组建成一个庞大的研究团队是有一定难度的。因为它不是一个专业研究团队，参与者不能脱产，即教师不能停教，干部不能停工，学生不能停学，人人必须在业余和节假日进行研究；所有参与者的认识需要统一和到位，上级的精神需要贯彻和领会；大量的资料需要从浩如烟海的古籍和方志中去挖掘、筛选和核实，上百万字的初稿需要去梳理、编织和修剪，共性的问题需要探讨和界定；主业与副业的扯皮甚至矛盾需要去协调和化解，等等。这一切，无疑增加了研究和推进的难度。尽管在编书过程中颇为艰辛，但收获和成功的喜悦，也着实令人欣慰。

（三）团队合作加深了师生情谊

近年来，对于学校师生关系的诟病屡见报端，这是市场经济在人际关系中的一种折射。苗春德认为，只要教师对学生以诚相待、以身作则，重塑师生亲密关系不是不可能的，因此在编书过程中，他有意在这方面作些尝试和引导。先后参与他课题的有40余位师生，其中大部分教师虽然曾经是他的学生，但平时因所在单位和工作性质不同而接触较少；其他20多位研究生，一方面他们是新生力量，生机勃勃，另一方面他们又是科研新兵，缺乏实战历练和基本功。苗春德和学生们为了一个共同的目标走到了一起，他们真诚交流，一起学习研讨，一起谈论工作和理想,业务上手把手传帮带,生活上互相关爱,因而师生间充溢着尊师重教、敬师爱生的浓浓情谊。

(四) 提升团队成员的研究水平是一份责任

数十年来,在苗春德的合理安排和严格要求下,他组建的不同研究团队的成员通过分工合作查阅资料和编撰文稿,基本上把相关古籍翻检一遍,摘录和积累了大量第一手资料。如在《中原文化大典·教育典》的编纂过程中,他要求团队成员们按中原官学教育、私学教育、书院教育、家庭教育、社会教育、考试和选拔制度、教育人物和文教政策等加以归类和梳理,通过这个完整过程,不仅使中青年教师和研究生有了接触原著的机遇和挑战,学会了查找资料的方法和途径,受到了正规和严格的科研历练和实战,也为他们今后独立进行研究增强了自信心、期待感和成就感。同时,通过几次实战和研究成果的产出,不仅为中青年教师晋职提级创造了条件,也为不少硕士研究生考取博士生创造了机会。

(五) "惜时好学,勇于创新"是座右铭

由于时代的冲击,使苗春德在很长一段时间没有在既定的轨道上前行,虽然客观原因居首,但这也让他感到时光易逝,需加倍珍惜。"老牛亦解韶光贵,不待扬鞭自奋蹄",在终于走上讲坛、回归初心后,他发扬"汉代孔子"董仲舒"三年不窥园"的钻研精神,如饥似渴地投入到中国教育史研究之中。功夫不负有心人，经过长期辛勤耕耘，苗春德最终在宋代教育、乡村教育史、中原教育史等领域取得了一系列丰硕成果。他曾回忆说："当教师以后，多少年来，假期、双休日我都没有好好过。比如说申老师（申淑琴，苗春德爱人）她家原来在郑州，每到过年，过去我们都一块回去，而且春节那天也是申老师她奶奶的生日。到教育系上班以后，过年的时候我就让申老师和孩子过去，自己留在家里，想利用这几天的时间思考思考问题，写点东西。后来她奶奶不愿意了，生气，骂我。这也没办法，只能表示歉意。我得完成我的设定目标啊。"

在学术研究中，苗春德能站在时代和学术前沿，不落窠臼，善于运用新方法、新视角发现新问题，把自己的研究兴趣和国家的前途命运有机结合起来，将教育史学的求真和致用两大功能充分释放，最终成为一代教育史名家。例如在宋代教育的研究中，他总结出宋代教育中至今依然闪耀着智慧之光的积极因素："先忧后乐"的治国抱负；修养品德、安定社会的教育主张；进行教育改革，提高人口素质的教育措施；砥砺品学、上下求索的进取精神；结合实际，学习外来文化的经验等等，并建议将它们赋予时代新意，使其成为社会主义精神文明建设的有机组成部分。在研究南宋社会教育时，他紧密联系现实，认为在提高国家软实力的当今时代，社会教育承载着重要的社会职责，不仅大有作为，而且任重道远，需要对南宋社会教育进行认真研究和借鉴。在《中国近代乡村教育史》中，他更是独具慧眼，打破传统，在思想、观点、内容等方面屡有创新，最终填补了中国乡村教育史的研究空白,在学界产生了重要影响。

尽管在学术研究过程中会遇到一些困难和挫折,但经过苗春德和团队的共同努力和长期拼搏,最终都较为圆满地完成了每个阶段的科研任务,也超额完成了他希望学术成果和年龄共同增长的心愿,多年的心血和汗水没有白流!收获和成功的喜悦,着实令人舒心和欣慰!正如他在一首感悟诗中所云:

我生有涯路崎岖,入世践履三步棋。

坚守初心靠赤诚,理想信念是动力。

使命勇担莫错过,人生苦短须珍惜。

莫道伏枥骥已老,余生向晚不歇蹄。

作者张建东与苗春德

河南大学教育学部领导李永鑫(左)、蔡建东(右)与苗春德

师生欢聚一堂

附录一　苗春德简介

苗春德(1936年9月——　)，河南镇平人，中共党员，河南大学教授，著名教育史专家。

1957年至1961年就读于北京师范大学历史系，1961年被推荐选拔为研究生，在该校教育系攻读中国教育史专业，师从著名教育史学家毛礼锐先生。1965年，他远赴新疆维吾尔自治区教育厅从事教育行政工作。1972年调回开封师范学院工作。自1982年起执教于河南大学教育系，主讲中国教育史。1986年5月被特批为副教授，1991年晋升为教授。历任教育系副主任、主任，文史学院副院长，《教育管理自学辅导》主编，《心理世界》编委会主任，兼任全国教育史研究会第四届理事，教育科学出版社《中国教育史研究丛书》编委，人民教育出版社《中国近代教育专题史论丛》编委，《中原文化大典·教育典》总主编，河南省教育学会和东方文化研究会常务理事，中原、河南孔子研究会副理事长，河南省陶行知研究会副理事长等职。现兼任杭州市社会科学院研究员。1993年被授予开封市优秀教师荣誉称号，1995年被河南省委、省政府命名为优秀专家。

长期坚持从事专业研究，先后发表论文100余篇，出版专著10余部，包括主编、参编《宋代教育》、《中国教育思想通史》(第

3卷)、《中国近代乡村教育史》、《南宋教育史》、《河南考试史》、《中国国情总览·教育卷》、《中国教育史简编》、《中国古代教育家传》、《中国教育家评传》、《中外教育家德育思想荟萃》、《群星灿烂——河南大学名人传》等,得到同行专家的广泛好评。

科研成果屡获大奖。《宋代教育》1992年获河南省优秀图书奖,1993年获省社会科学研究二等奖,1995年获国家教委首届人文社会科学二等奖;《中国教育思想通史》和《河南考试史》均为国家教育科学"八五"规划重点项目,前者于1995年获国家图书提名奖,1998年获普通高等学校第二届人文社会科学研究成果一等奖;《河南考试史》于1995年获河南省社科联荣誉奖,1997年获第一届全国人事科研成果二等奖;《中国教育家评传》于1989年获全国首届优秀教育理论著作奖,1995年获国家教委首届人文社会科学研究二等奖;参与完成的《河南省科技人才队伍稳定与开发研究》于1993年获河南省人民政府实用社会科学优秀成果三等奖。此外,还多次获得河南省教委和省级学会的奖励。

附录二 苗春德主要著述

1.《学习周总理重要讲话 切实加强基础理论教学》,载于《开封师范学院学报》,1979年第1期。

2.《中国近代教育之最》,载于《人民教育》,1980年第9期。

3.《中国首次留美学生的派遣与斗争》,载于《河南师范大学学报》,1980年第5期。

4.《试谈教育与政治的关系》,载于《北京师范大学学报》,1981年第3期。

5.《必须加强学生的思想政治教育——读〈徐特立教育文集〉》,载于《河南师范大学学报》,1982年第1期。

6.《试论王安石的人才思想》,载于《史学月刊》,1982年第5期。

7.《徐特立论思想政治教育的原则》,载于《河南教育》,1983年第1期。

8.《读王安石〈材论〉》,载于《中州学刊》,1983年第4期。

9.《徐特立与师德》,载于《河南师范大学学报》,1983年第3期。

10.《苏区时代的干部教育》,载于《史学月刊》,1983年第6期。

11.《新时期教育工作的指针——学习〈邓小平文选〉中关于教育工作的论述》,载于《河南师范大学学报(社会科学版)》,1983年第6期。

12.《注重人才培养的教育改革家——王安石》,载于《河南教育》,1983年第11期。

13.《试论孔子私学的师生关系》,载于《河南大学学报》,1984年第6期。

14.《教育改革与教育理论研究》,载于《河南大学学报》,1986年第3期。

15.《程颢程颐的教育思想和教育实践》,载于《河南大学学报》,1986年第6期。

16.《北宋的两次社会改革与人才》,载于《中州今古》,1986年第2期。

17.《论李大钊的教育思想》,载于《史学月刊》,1987年第2期。

18.《宋代的学术群体及其形成原因》,载于《中州人才》,1988年第2期。

19.《学术带头人简论》,载于《河南大学学报》,1988年第6期。

20.《程颢、程颐道德教育思想浅探》,载于《教育史研究》,1990年第3期。

21.《陶行知"生活教育"理论述论》,载于《河南大学学报》,1992年第3期。

22.《教育工作者的良师益友》,载于《华东师范大学学报(教育科学版)》,1993年第3期。

23.《十一届三中全会以来河南省教育史学科研究述要》,载于《河南社会科学》,1995年第5期。

24.《孔子的忧患意识、参政意识和教育救世思想》,载于《湖南大学学报(社会科学版)》,1996年第4期。

25.《河南省教育史学科:1978—1996》,载于《教育史研究》,1997年第2期。

26.《略论雷沛鸿的民众教育思想和实践》,载于《教育史研究》,1998年第2期。

27.《中国"乡村教育"的最早探索者——王拱璧》,载于《河南职业技术师范学院学报》,2001年第6期。

28.《论20世纪上半叶"乡村教育"运动的基本特点》,载于《河南大学学报》,2003年第1期。

29.《我和我的中国教育史研究班的同学们》,载于《教育史研究》,2004年第1期。

30.《论中国"乡村教育"运动先驱者的现代教育观》,载于《河南大学学报》,2004年第5期。

31.《教育史学界的巨擘——纪念毛礼锐教授100周年诞辰》,载于《教育史研究》,2005年第1期。

32.《"乡村教育家"关于学习型社会的构思与憧憬》,载于《终身教育》,2006年第3期。

33.《宋代教育》,河南大学出版社,1992年7月。

34.《中国教育思想通史》(第3卷),湖南教育出版社,1994年6月。

35.《河南考试史》,中州古籍出版社,1995年10月。

36.《中国近代乡村教育史》,人民教育出版社,2004年11月。

37.《中原文化大典·教育典·官学 选士》(第一主编),中原出版传媒集团中州古籍出版社,2008年4月。

38.《中原文化大典·教育典·私学 书院》(第一主编),中原出版传媒集团中州古籍出版社,2008年4月。

39.《南宋教育史》,上海古籍出版社,2008年10月。

40.《带领中青年教师共同研究中国教育史》,载于《教育史研究》,2009年第2期。

41.《孔子的人生历程及其启示:循时顺变》,载于《中原儒学》,2009年第1期。

42.《宋代的养老制度、礼老活动及尊老风俗管窥》,载于《中原儒学》,2009年第2期。

43.《试论孔子的使命感教育、养生教育及环保教育思想》,载于《中原儒学》,2011年第1期。

44.《中国教育救世思想的奠基人》,载于《中原儒学》,2011年第3期。

45.《南宋书院运作及其启示》,载于《中原儒学》,2012年第2期。

46.《孔子的儒学及教育》,载于《中原儒学》,2013年第

3 期。

47.《孔子教育救世的大教育观及其在教育史上的贡献》,载于《安阳儒学》,2013 年 8 月。

48.《感恩意识与和谐社会》,载于《中原儒学》,2014 年第 1 期。

49.《对儒学的三点认知》,载于《中原儒学》,2014 年第 2 期。

50.《南宋百戏及其繁盛原因试探》,载于《中原儒学》,2014 年第 2 期。

51.《宋代宫廷乐舞伎艺人员的教育问题试探》,载于《中原儒学》,2015 年第 3 期。

52.《北京师范大学首届中国教育史研究班再探》,载于《教育史研究》,2019 年第 1 期。

后　　记

　　河南大学教育学部开展宋代教育研究已逾四十载,其中的开拓人物就是苗春德先生。开封作为历史文化名城,素有"八朝古都"之称,特别是北宋时期,开封盛极一时,是当时世界第一大都会,孕育了上承汉唐、下启明清,影响深远的"宋文化"。开封人杰地灵,是我国宋史研究的重要基地之一,在这里开展宋代教育研究,可谓得天独厚。苗先生敏锐地意识到这一点。自1972年从新疆调回开封后,他就着手广泛搜集相关史料,积累读书札记,经过十年沉淀,他于1982年在《史学月刊》第5期发表了《试论王安石的人才思想》,这篇文章标志着苗先生正式开启了其宋代教育研究的征程。在长期深入研究的基础上,苗先生分别于1992年、2008年出版了《宋代教育》《南宋教育史》两部具有国际影响的扛鼎之作,奠定了他在我国宋代教育研究领域的领军地位。苗先生不仅在宋代教育研究领域建树颇丰,在近代乡村教育、河南教育史等研究领域也有不俗的成绩。此外,苗先生还注重培养学生和青年教师的科研能力,引领他们成长、成才,赵国权教授、李桂荣教授、王恩国教授等就是其中的佼佼者。

　　为苗先生做传既是偶然,又有必然。我于2005年硕士研究生毕业后来到河南大学教育学部(当时为教育科学学院)担任辅导员工作,后于2010年前往华中师范大学,师从教育史名家周洪宇教授攻读教育史方向的博士学位。学习期间,我把研究重心聚焦在宋代教育领域,博士论文以《一个被忽略的教育群体——宋代民间士人的教育活动研究》为题。论文写作过程中,我重点参考了苗先生的《宋代教育》和《南宋教育史》,这两部著作给予了我很多学术滋养。作为后生晚辈,我曾在求学期间以及博士毕业后,怀着激动和崇敬的心情登门拜访过苗先生,深切感受到他精湛的学识、求真致用的学术品格以及关爱、提携后辈的宽厚胸襟,并一直准备撰写一篇题为《苗春德与教育史研究》的文章。恰逢河南大学在建校110周年之际,规划了"河南大学优秀学术传承计划'夷门传薪学人传'项目",让我得偿所愿,并和苗先生有了更多深入交流、学习的机会,善莫大焉!

经过40多年的发展,如今河南大学教育学部的宋代教育研究以宋代教育研究所为中心,以苗春德、赵国权、牛梦琪、刘保兄、王丽、张建东为主要团队成员,已出版专著近20部,申请国家及省部级课题10多项,发表学术论文100余篇,培养了30多名硕士研究生,并凝练为学部的特色发展方向。我作为宋代教育研究所的主要负责人,争取不辜负苗先生、赵国权等前辈的期望,在学部的关怀和支持下,和团队一起在中国教育史以及宋代文化教育等领域继续开拓进取!

在本课题申请、著作撰写和出版过程中,河南大学教育学部的宋伟、李永鑫、蔡建东、王振存、吕云飞等领导以及赵国权、李桂荣、王恩国、李世平、李志刚、郝森林等老师给予了大力支持和帮助；教育史专业的研究生赵雅婷、田晓宇参与了采访和部分材料的搜集工作；河南大学出版社的王丽芳、李云等同志提出了很多中肯的意见和建议，使本书得以顺利问世。在此向他们表示衷心的谢意和敬意！

张建东
2022 年 8 月